PORQUÈ
LOS LÌDERES FALLAN

No Tendra Èxito Hasta Que
Aprenda Còmo Manejar El Fracaso

Por Ronald L. Godbee
Traducido por
Merari V. Hollingsworth

Este libro està dedicado a cada persona que me ayudò a vivir màs allà de mis fracasos. Mi vida es una composiciòn de muchas personas maravillosas y de muchas experencias valiosas. Para recorder a todos que han sido responsible por mi desarollo superarìa el nùmero de palabras de este libro. Gracias por permitir que mis fracasos no determinaran el resultado final de nuestras amistades.

Me gustarìa dedicar este libro a mi esposa, Karla Godbee. Mi mayor èxito fue rindiendome al plan soberano de Dios y pidiendote que seas mi esposa. Yo solo soy el hombre que soy porque tù eres la mujer que eres. Te casaste con un hombre defecto pero a travès de tù amor, tus oraciones, y tù apoyo, soy un marido exitoso, un padre exitoso, y un lìder exitoso.

TABLA DE CONTENIDOS

PRÓLOGO

Albert Schweitzer sabiamente señaló: "En la vida de todos, en algún momento, nuestro fuego interior se apaga. A continuación, se estalló en llamas por un encuentro con otro ser humano. Todos debemos estar agradecidos por esas personas que reavivar el espíritu interior."

Pastor Ronald Godbee es una de esas personas a las que Dios está usando para reavivar el espíritu interior de líderes rotos, caídos y heridos. Fracaso es una parte natural de éxito. Al igual que los niños caigan en el proceso de aprender a caminar, por lo que hacen los líderes fallan en el proceso de tener éxito. Aprendemos mucho más de nuestros fracasos que hacemos de nuestros éxitos. También hay algo acerca de su defecto crea una ternura en nosotros que nos da poder para ser compasivos con los demás que no.

El mayor valor de nuestros fracasos es que nos enseñan y lo que nos ayudan a ser como resultado. Si no destruye algunas personas mientras se motiva a los demás. Entonces ¿por qué es eso? ¡Es porque responden a la insuficiencia de manera diferente. ¿Cómo responde usted a sus fracasos determina tu future? ¡Deje que su RETROSPECTIVA darle una visión de cómo mejorar su PREVISIÓN!

El libro de Godbee no se limita a darle las respuestas a los enigmas de la vida, sino que le hace preguntas que inician el viaje de auto-descubrimiento. A menos que nos hacemos preguntas, no obtenemos respuestas. Las cosas no son tan simples como parecen. Todo tesoro escondido. Tenemos que excavar en busca de ella. Pero con el tiempo vamos a descubrir verdaderos tesoros que abren las heridas y fracasos de nuestro pasado, y nos liberación en nuestro futuro.

Aunque puede parecer que la destrucción y fracaso personal suceder durante la noche, esto es sólo una ilusión. El fracaso y la destrucción son graduales y luego SÚBITA! Los secretos de nuestra vida comen poco a poco a nuestra fundación, nuestros principios, nuestro carácter y nuestra integridad. Entonces, de repente las cuevas del piso en las puertas y se caen de sus bisagras. Ataques cáncer de la misma manera, poco a poco, de repente.

Este libro le ayudará a identificar las zorras pequeñas que destruyen las viñas en nuestras vidas. Está escrito desde una perspectiva de amor, respeto y compasión. El amor nos levanta por nuestras debilidades, pero el respeto nos libera de nuestra fuerza. Ahora, que tu espíritu se reavivó como procesar el mensaje de este libro. Deje que la curación comienza, y darse cuenta de que la salud es un proceso, no un procedimiento.

Bishop Dale C. Bronner
Word of Faith Family Worship Catedral
Austell, GA

INTRODUCCIÓN

Las Preguntas Correctas

Muchos líderes fallan porque se centran en tener las respuestas correctas. Lo que no entienden es que será un éxito sólo cuando descubren cómo hacer las preguntas correctas. Las preguntas son importantes. Son valiosos en nuestra búsqueda de la sabiduría. Las preguntas correctas nos llevarán a las respuestas correctas; y las respuestas correctas nos llevarán a la antigua reliquia llamada "verdad". Ilusorio para muchos, la verdad es a menudo enterrado debajo de la discordia y la falta de armonía de la vida. Nos corresponde a nosotros, entonces para desenterrar este tesoro por hacer las preguntas que pondrán a prueba y nos empoderar a hacer frente a las cosas que hemos estado evitando.

Este libro fue escrito para ayudarle a hacer las preguntas dificiles. Con frecuencia leemos materiales sólo para llegar a la conclusión de la escritora. Mi objetivo para Porque Los Líderes Fallan es que este libro se convierta en muchas cosas para diferentes personas, para que cuando haya terminado de leerlo, se llega a sus propias conclusiones. Esto sólo puede suceder cuando usted está dispuesto a hacerse las preguntas conmovedoramente trazados en el curso de esta lectura. Sólo entonces se encuentra el lugar de autodescubrimiento que le ayudará como un líder y le ayudarà a asegurar su éxito.

He tenido el gran privilegio de pastorear, de aconsejar y ayudar en el desarrollo de muchos líderes. Por desgracia, también he observado con gran angustia y dolor como líderes prodigiosas experimentaron un fracaso privada de una manera muy pública. He sido testigo del asiento delantero a la finalidad errónea de muchos de nuestros líderes famosos. He visto su ascenso a grandes niveles de éxito, sólo para terminar perdiendo todo de un incidente imprudente. He observado familias caer y imperios que se desmoronan; y la gente van de común a rey y vuelven a lo común de nuevo. Introspectivamente y retrospectiva he considerado las vidas de los líderes caídos; y he sido embrujado por su historia, preguntándome acerca de sus posibilidades: "qué pasaría si" no hubiera hecho esto, o "Y si" hubieran hecho esto?

A través de esto, empecé a ver un paralelo entre los líderes de hoy y los de los escritos bíblicos. También empecé a descubrir las estrategias en las escrituras que asegurarían líderes en su reinado si simplemente se tomaron el tiempo para entenderlos. Después de todo, las Escrituras siguen siendo no sólo para nuestra inspiración, información y la importación; pero sirven como una advertencia contra lo que no se debe hacer así. Hay un tesoro escondido en la Biblia que nos enseña a no repetir los malos resultados de nuestros antecesores pasados; y como nosotros auditamos los hombres de Dios y descubrimos los "no hacer" de liderazgo, creo que usted se sorprenderá por lo que descubrimos.

El no hacer de Liderazgo

Hay una serie de materiales que nos enseñan cómo dirijir pero es muy poco lo que arroja luz sobre lo que no debemos hacer como líderes. ¿Por qué es que los grandes líderes siguen teniendo grandes fracasos? No puede ser que sean estúpidos o incompetentes; y ciertamente no puede ser que no son inteligentes. Ellos han dominado "el momento" que utiliza su intelecto, habilidades y competencias. Sin embargo, siempre parece que fracasan en las maneras más simples y más idiotas. Si usted es como yo, su primera respuesta a la mayoría de los fracasos de los líderes es "¿que en el mundo estaban pensando?" Es casi como que si estas grandes mentes tomaron un permiso de ausencia y se aliviaron a sí mismos de cualquier sentido, como que estaban teniendo un compre uno y llèvese otro gratis venta en la estupidez y que fueron los primeros en la fila. Esta es una simple respuesta sarcástica, pero la verdad es mucho más compleja. Me gustaría que fuera un momento temporal en el que abandonaron toda lógica y toda la razón, pero para muchos líderes lo que parece ser un momento transitorio de locura es realmente el resultado de toda una vida de problemas sin dirección.

Quiero ayudar a descubrir las cosas que estan en estado latente en ti que aún tiene que enfrentar. Quiero ayudarle en la conquista de ellos, para que no se conviertan en una parte de la tripulaciòn "¿qué estaban pensando?" Las viejas glorias de la vida son las personas que en un momento estaban justo donde estás ahora. Nadie se tomó el tiempo para ayudarles a descubrir las cosas que vamos a encontrar en este libro; pero a medida que lee este libro, mi esperanza es que te sientas que nos estamos asociando juntos para perseguir lo que podría ser un momento del destino para usted.

Para ayudarnos en este viaje, nos vamos a centrar en cifras históricos y sus fracasos: David, Sansón, Elías, Eliseo y Noé. Si estamos dispuestos a analizar de forma realista su mandato como grandes líderes, descubriremos donde hicieron sus mayores errores. Las lecciones que vamos a extraer de sus vidas no son mensajes de condena, sino mensajes de convicciòn; y si nos fijamos en las vidas de estos grandes líderes, mi oración es que sienta una conviccion por las cosas que desafiaron su liderazgo.

Porque soy un pastor, vamos a exponer y examinar de una manera que rara vez han sido vistos. Por favor, no crea que estoy profanando cualquiera de los grandes iconos de nuestra fe o les demuestro alguna falta de respeto a ellos. Yo soy un benefactor de la benevolencia de los textos sagrados de Dios. Yo soy lo que soy debido a sus escrituras y lo que he llegado a admirar desde el sello distintivo de la fe. Pero yo creo que Dios nos dio su registro por escrito para que pudiéramos ver que los iconos de nuestra fe experimentaron fracasos y debilidades; y para que pudiéramos imitar a sus éxitos en lugar de sus fracasos.

Para ello, sin embargo, tenemos que descubrir las cosas que hemos cubierto con lenguaje romántico. Hay que tener una visión realista de sus luchas, sus retos y sus dificultades. Debemos mirar más allá de genio, la estrategia y el triunfo del líder; y descubrir la grieta en su armadura. Hay que analizar no sólo lo que "hace" un hombre, sino lo que "rompe". La elección de un líder es una cosa soberana; esto significa que la mano de Dios es la que nos desarrolla mientras que nuestra mano es la que nos destruye. No tenemos mucho que ver con nuestra toma pero tenemos mucho que ver con la ruptura. Así es en nuestro mejor interés para estudiar las cosas que podemos controlar y dejar a Dios las cosas que él controla.

Se ha señalado muchas veces antes y creo que vale la pena reiterar: el mayor enemigo de un líder no es el que pelea por fuera pero la que él lucha por dentro. El "yo interior" es más a menudo el verdadero enemigo. Así que vamos a embarcarnos en este viaje juntos e identificar las tendencias de los grandes líderes que limitan sus posibilidades. Vamos a explorar las posibilidades ilimitadas de su liderazgo y ayudar a superar sus retos para que descubramos un ámbito continuo de grandeza. Preguntémonos las preguntas difíciles para que podamos obtener las respuestas correctas. Hagamos todo esto, para que cuando la gente menciona tu nombre, no van a seguir con la pregunta, "¿qué pasó con ese hombre?"

Ronald L. Godbee

PARTE I: DAVID

Sucedió Cuando Era Común

Las cosas que nos afectan antes de que se conviertan en líderes, cuando éramos común, a menudo son las cosas que nos destruyen cuando finalmente llenamos esa posición - cuando, en esencia, llegamos a ser rey. Creemos que sólo porque hemos pasado a la cima de la montaña de nuestro presente que hemos conseguido a través de los valles de nuestro ayer. Sin embargo, si no navegamos correctamente los obstáculos del pasado, entonces las cosas que se han diseñado para desafiar y desarrollar va a afectar a usted por dentro y poner en peligro su futuro.

Uno de mis mejores amigos y su esposa estaban esperando su primer hijo. Estaban abrumados por la emoción como estoy seguro de que usted puede imaginar. En el día del nacimiento de su bebé, esperé con la esperanza de puntillas por una llamada telefónica de mi amigo; pero esa llamada nunca llegó. Ansioso por alguna noticia, lo llamé.

"Nos encontramos con algunas dificultades," me aconsejó con pánico en su voz, entonces me pidió oracion: su hijo inhalo cuando debería haber exhalado, y él ingirió los fluidos que lo habían protegido durante los últimos nueve meses. El líquido en que èl se había desarrollado ahora estaba poniendo en peligro su vida.

Al igual que el niño, muchos líderes inhalan cuando

deberían exhalar. Nosotros ingerimos cosas de nuestro pasado que son fatales para nuestro futuro. Lo que estábamos en fue diseñado para nuestro desarrollo, no para meterse dentro de nosotros. Sin embargo, como lo hace, nos encontramos en soporte de vida, luchando por nuestras vidas, ya que nos ocupamos con la situación de como conducirnos sin llevar la amargura y el quebrantamiento del pasado en el presente cesión. Nuestra incapacidad para hacerlo nos compromete y nos causa actuar desde un lugar de la disfunción; y nadie personifica esto más que David. Èl administro mal un momento como rey, reaccionando de una experiencia común y no la conciencia de un rey. Cada vez que un rey recurre a su conocimiento común de hacer juicio real, los resultados son desastrosos.

El Cubrimiento

En 2 Samuel 11, leemos la historia del amorio de David con Betsabé.

2 Y sucedió un día, al caer la tarde, que se levantó David de su lecho y se paseaba sobre el terrado de la casa real; y vio desde el terrado a una mujer que se estaba bañando, la cual era muy hermosa. 3 Envió David a preguntar por aquella mujer, y le dijeron: Aquella es Betsabé hija de Eliam, mujer de Urías heteo. 4 Y envió David mensajeros, y la tomó; y vino a él, y él durmió con ella. Luego ella se purificó de su inmundicia, y se volvió a su casa. 5 Y concibió la mujer, y envió a hacerlo saber a David, diciendo: Estoy encinta. 6 Entonces David envió a decir a Joab: Envíame a Urías heteo. Y Joab envió a Urías a David. 7 Cuando Urías vino a él, David le preguntó por la salud de Joab, y por la salud del pueblo, y por el estado de la guerra. 8 Después dijo David a Urías: Desciende a tu casa, y lava tus pies. Y saliendo Urías de la casa del rey, le fue enviado presente de la mesa real. 9 Mas Urías durmió a la puerta de la casa del rey con todos los siervos de su señor, y no descendió a su casa. 10 E hicieron saber esto a David, diciendo: Urías no ha descendido a su casa. Y dijo David a Urías: ¿No has venido de camino? ¿Por qué, pues, no descendiste a tu casa? 11 Y Urías respondió a David: El arca e Israel y Judá están bajo tiendas, y mi señor Joab, y los siervos de mi señor, en el campo; ¿y había yo de entrar en mi casa para comer y beber, y a dormir con mi mujer? Por vida tuya, y por vida de tu alma, que yo no haré tal cosa. 12 Y David dijo a Urías: Quédate aquí aún hoy, y mañana te despacharé. Y se quedó Urías en Jerusalén aquel día y el siguiente. 13 Y David lo convidó a comer y a beber con él, hasta embriagarlo. Y él salió a la tarde a dormir en su cama con los siervos de su señor; mas no descendió a su casa. 14 Venida la mañana, escribió David a Joab una carta, la cual envió por mano de Urías. 15 Y escribió en la carta, diciendo: Poned a Urías al frente, en lo más recio de la batalla, y retiraos de él, para que sea herido y muera.

En el momento en que los reyes fueron a la batalla, David se quedó en casa y envió a sus siervos en su lugar. Cuando él debería haber estado luchando contra su enemigo, estaba en casa, sucumbiendo a los deseos de su carne. David se dejó atrapar por un momento de debilidad; y cuando Betsabé hizo saber de su embarazo varias semanas más tarde, David conspiró para encubrir sus pecados - primero por tratar de engañar a Urías en dormir con su esposa, y luego enviando el hombre a la primera línea de la batalla por lo que fue asesinado.

Como líderes, debemos entender que no es el pecado que destrona, es el encubrimiento. Cuando se dibuja a partir de experiencias disfuncionales del pasado para hacer frente a las fallas presentes, se va a producir un fracaso épico. David optó por enviar a Urías al frente de batalla para ser asesinado debido al principio de su etapa de desarrollo, el rey Saúl envió David a la primera línea de batalla para ser asesinado. Esta experiencia la tuvo dentro de él cuando era común y volvió a matarlo después de que él se convirtió en rey. Fue la decisión de David de encubrir su pecado que desenterró lo que ya se dormia en él; y porque él nunca trató con él, la situaciòn volvió para tratar con él.

La mayoría de los líderes han prometido no volver a ser el opresor - hasta que se vuelven poderosos, y la situación común que se suponía iba a enseñarles lo que no debìa hacer es lo que se encuentran haciendo. Las "cosas de la carne" guerrean con las "cosas de la fe"; y el conflicto se convierte en cómo no hacer a los demás lo que se le ha hecho a ellos. ¿Cómo pueden los heridos no causar heridas? ¿Còmo puede el dolor no doler?

Estamos logrados pero todavía nos queda nada más pero que sacar de los pozos disfuncionales de experiencia y pasadas dañadas. Nos convertimos en asesinos en vez de reyes; pero estamos destinados a impactar a otros desde el trono, no para vivir de nuestras disfunciones y frustraciones pasadas. Para lograr esto, tenemos que identificar los problemas y abrirnos a los seres en que podemos confiar, a los seres que nos pedirán cuentas por la forma en que lideramos y en ello nos asegure en nuestra posición de liderazgo.

Los Compañeros del Grande

A menudo nos jactamos de nuestra esfera de influencia, pero rara vez implementamos un círculo de rendición de cuentas; y si lo hacemos, viene de debajo de nosotros en lugar de sobre; desde un nivel menor en lugar de uno mayor. No puede ser que la gente en nuestra esfera de influencia nos acogen en nuestros lugares disfuncionales, ni podemos darnos el lujo de tener un ser que apoye sus defectos. Un líder disfuncional no puede tener las personas disfuncionales como su fuente de rendición de cuentas; luego se convierten en el "ciego guiando a otro ciego" proverbial. ¿Quiénes son los compañeros de los grandes?

Cada líder necesita una voz que respetan hablando en sus vidas. Ellos necesitan una voz de la integridad y la sabiduría para fomentar y desafiarlos; necesitan a alguien que consideran como una fuente de la rendición de cuentas. Cuando Jesús fue bautizado en el río Jordán, los cielos se abrieron, el Espíritu Santo descendió y Dios hablo (Mateo 3: 16-17). El que estaba en un nivel más alto, afirmó el hijo que estaba en un nivel inferior; y fue cuando Dios confirmó a Jesús que fue activado para la asignación.

Además de la activación de regalos, afirmación activa nuestra integridad. La integridad no es la perfección; no es lo que haces. La integridad es la forma de responder en medio de lo que has hecho. Muchos de nosotros no hemos activado nuestra integridad porque no tenemos a alguien con integridad para que nos afirme. No tenemos una fuente a la cual le hemos dado la libertad para juzgar nuestras acciones, ya sean buenas o malas.

Así que la pregunta resuena aún más fuerte: ¿quiénes son los compañeros de los grandes? Como líderes, nuestros compañeros tienen que ser el bien que sacamos de un pozo lleno de las aguas de la sabiduría. Ellos no necesitan ser más éxitosos que nosotros en nuestro campo de trabajo, pero deben ser definidos por su historia de integridad, discernimiento y discreción. Necesitan ser sazonado y seguro en sus propios logros personales; haber conquistado su búsqueda en cualquier área que usted busca para tener éxito. Los grandes líderes necesitan calificar su círculo de la rendición de cuentas con la pregunta, ¿esta persona tiene la capacidad de corregir y desafiarme?

El problema con muchos de los líderes es que ellos se excusan de rendición de cuentas con el pretexto de que no hay nadie en su nivel que puede ver las cosas como lo hacen. Un científico de cohetes que está teniendo problemas con su matrimonio podría beneficiarse de un recolector de basura que ha estado casado durante cincuenta años. Independientemente de las posiciones, el recolector de basura puede darle al científico la sabiduría y conocimiento que necesita para fortalecer y hacerse responsable en su propio matrimonio. Una colaboración de muchas personas diferentes, con diversas experiencias proporcionará una amplia perspectiva de las situaciones que un líder puede encontrar. Un líder sabio selecciona alguien que se ve desde debajo de la cosa, por encima de una cosa y en el mismo nivel que la cosa. Su círculo de la rendición de cuentas debe ser compuesto por personas que le ayudan a ver las cosas desde la perspectiva tanto del líder como el seguidor. Esto le brinda una ventaja de 360 ° y nos ayuda a obtener conocimientos y perspectiva desde todos los ángulos. Así que sí, necesitamos la afirmación de sobre encima de nosotros pero también necesitamos la perspectiva y la comprensión de los otros niveles. También es saludable tener desafíos a su punto de vista desde debajo de ti. Jesús tenía el Padre encima de el quien lo afirmaba, los discípulos en su nivel caminando con él y el diablo por debajo de él desafiàndolo. ¿Quién es sobre ti, que está con usted y que está debajo de ti?

¿Quién está en su círculo de la rendición de cuentas? Si es sólo gente que te gusta y controlas, pronto caeras preso a sus propios logros. Cada buen líder debe ser capaz de confiar en alguien con "su verdad". La mayoría de los líderes tienen una fuente de rendición de cuentas a la cual no le ponen limites y mantienen a un cierto nivel. Necesitamos líderes de líderes que realmente podemos confiar nuestros secretos más profundos. ¿A quién le permitirá ver el verdadero usted...no su lado realizadode, pero el lado oscuro? Nos encanta creer que no tenemos uno, pero la verdad es que no estamos cayendo porque estamos caminando en la luz – uno sólo tropieza en medio de la oscuridad. Un líder que no tiene una multitud de abogados es un líder que somete su papel a las debilidades de su propia mano. Lo peor que un líder puede hacer es morir en su propia espada. ¿Por qué estar en control de todo y fuera de control en una cosa que va a empañar el don que haya pasado tanto tiempo de pulido?

Es peligroso no reconocer su propia disfunción. Esta es la razón que la integridad es importante. Integridad nos permite someter nuestras obras a la finalidad de nuestra carne, en lugar de ser sometida a las debilidades de nuestra carne. Sin la ayuda de una coartada o excusa para el error, la integridad redirigirá el camino de la carne impulsada. Integridad reconoce sus limitaciones y te rescata de ti mismo. David se cubrió la carne con su pasado disfuncional cuando debería haber abordado, confesado, poseìdo y corregido. Por esa razón, es importante que aprendamos de sus errores, antes que nuestro pasado disfuncional, no se controla y nos matè.

Los Sueños del Fuerte

Del mismo modo la falta de integridad le mantendrá de el mayor deseo de su corazón. Muchos líderes están frustrados porque se llevan a cabo en sus carreras, pero se mantienen en reserva de producir el deseo de sus corazones. David nunca quiso ser rey; más bien, él sólo quería construir una casa de Dios. Lo que él no pidió él consiguió, pero lo que quería fue retenido de él. Por qué? Debido a su incapacidad para procesar su pasado.

Aquí es donde entra "Urías". Urías es la oportunidad de todos los líderes de enterrar las disfunciones de su pasado. Es la oportunidad de procesar lo que está en su corazón antes de hacer algo destructivo con la mano. El pecado de David no era Betsabé en sí mismo. No, su pecado fue una mala decisión, complicada por un malvado encubrimiento. Metió la mano en su dolor e infligió su dolor en un espectador inocente, matando a su sueño en el proceso. Cuando la disfunción contamina los "fieles", los sueños de los poderosos mueren: ¿cuántos sueños has perdido a causa de tu carne? Nunca permite que lo que había en ti se ponga en usted - le mantendrá de la única cosa que su corazón desea.

Al igual que David, fallamos porque nuestras fragilidades pasadas emergen en nuestras realidades actuales. Nuestra fuerza se diluye por los actos desviados que fueron perpetrados en contra de nosotros en nuestros años vulnerables; ya medida que crecimos, nuestro maestro de escuela se convirtió en la disfunción de nuestros antepasados, un tema que vamos a explorar más a fondo cuando hablamos de la relación entre Elías y Eliseo. Por supuesto, si supiéramos el abuso, el tormento y la angustia que nuestros líderes han perdurado hasta llegar a donde están, podríamos hacer más para reparar y sanar a ellos en lugar de juzgarlos. Pero porque hacemos más dinero destruyendolps en vez de elevandolos, permitimos que los grandes regalos sean tirados basados en malas conductas. Levantamos la gente hasta derribarlas porque es nuestra manera de reconocer y hacer frente a nuestras propias disfunciones personales.

Si este modelo continúa veremos más líderes que optan por no mostrar públicamente sus dones. ¿Qué tal si sanamos a los que sufren, reparamos lo roto y estamos dispuestos a ayudar a nuestros soldados caídos en su lugar? Esto no es tolerancia, sino una oportunidad para preservar genio. ¿Quién se atrevería a ser grande si el resultado final fue su desaparición a manos de aquellos que tratan de servir? Debemos crear un ambiente para asegurar que nuestros líderes "realizados" puedan conseguir ayuda con su pasado así que la sociedad pueda beneficiarse de su futuro. Debemos entrenar a reinar, para que nuestro mayor jactancia no es que hicimos muy poco como una comunidad para mantener a nuestros líderes de pie. De lo contrario, vamos a seguir a ver que la tragedia de David y Urías se desarrollo sobre una base diaria.

"Re-crear" not Rehabilitar

Nunca se sabe lo que eres hasta que esté lo suficientemente pobres o lo suficientemente potente como para exponer la perversión de la humanidad. Es esta mezcla - el elixir de la pobreza y la intoxicante de poder - que revela nuestra verdadera identidad. Pero no necesitamos ser sorprendidos cuando el individuo en la sede de la autoridad está al descubierto. Una vez que descubrimos su deficiencia, es necesario "volver a crear" el líder, no rehabilitarlos. Para rehabilitar a alguien es "volver a la costumbre", y llevarlos de vuelta al origen de su experiencia o "hábito", pero esto es hacer la suposición de que sus antiguos hábitos eran adecuados. La verdad es que la conducta imprudente de alguien es una indicación de que han sido inadecuadamente adoctrinados con los malos hábitos. Como educada como la mayoría de los líderes son, tenemos que reeducar y ayudarles a aprender hábitos que son necesarios para un reinado de éxito como líder.

> *I Samuel 18:17 17 Entonces dijo Saúl a David: He aquí, yo te daré Merab mi hija mayor por mujer, con tal que me seas hombre valiente, y pelees las batallas de Jehová. Mas Saúl decía: No será mi mano contra él, sino que será contra él la mano de los filisteos.*

En este versículo, encontramos Saúl tramando la muerte de David, al igual que David planeaba el de Urías. Fue en este punto, cuando estaba luchando las maquinaciones de Saúl contra él, que el vicio de David comenzó. Hablamos de maldiciones generacionales, pero nunca tomamos el tiempo para descubrir los vicios generacionales. La maldición es una transferencia a través de la sangre, pero vicios generacionales provienen de una impartición de líderes negligentes. La disfunción de cada líder se remonta a un líder disfuncional que ha manejado mal su oportunidad de desarrollar adecuadamente. Los padres que se supone que nos protegen son los que desean matarnos, cognitivamente transmitimos su amargura, sólo para que este ciclo siga con nosotros más tarde, con nosotros en el papel de liderazgo de la destrucción de una nueva generación de líderes.

Es muy traumático encontrar que aquel a quien más le impresionó es el que trata de matarte porque se sienten intimidados por ti. Pero cuando el papel se invierte y se encuentra en la posición del rey, ¿va a elegir a repetir lo que se le hizo a usted? En algún momento todo líder debe descubrir su lugar tóxico y se compromete a no imponer ese problema a otra persona.

¿Está intimidado por los próximos líderes? ¿Cuántas generaciones serán dañadas por el miedo de su avance? Se supone que debemos preparar a la próxima generación a reinar; en cambio los estamos contaminando con las experiencias tóxicos que vendrán más tarde a perseguirlos. Hemos de dar "consejos", no "para añadir un vicio". Como asesores que se espera para proporcionar oportunidades de progreso, no poner en peligro las vidas de las generaciones emergentes. Es fácil culpar a los jóvenes líderes por sus disfunciones, pero la verdad es que muchos de ellos son subproductos de una generación contaminada. Cada predecesor debe tomar posesión de su responsabilidad de cultivar los que vendrán después de ellos. Después de todo, podrían ser el próximo rey. Cómo

se les maneja ahora puede determinar cómo reinan
después.

La Supresiòn es el Enemigo de la Liberaciòn

Hemos escuchado el dicho, "el yo interno es el enemigo".
Ahora vamos a diseccionar y ver lo que realmente
estamos diciendo cuando hacemos esta declaración.
Como líderes, aprendemos a hacer frente a lo que
estamos llamados a tratar y matar. Suprimimos y la
máscara con una obra llamada disfraz, medicar a
nosotros mismos con todo menos la cosa real.
Desarrollamos y diseñar mecanismos que nos ayudan a
ocultar; y lo llamamos nuestra fuerza. Pero lo que
percibimos como la fuerza es en realidad nuestra mayor
debilidad. Es una vía de escape; algo que nos estamos
quedando a partir. Trabajamos alrededor de ella,
logramos a través de él y construir sobre ella, pero nunca
llegan a su destino de la misma.

El enemigo nos quiere hacer creer que manteniendonos
bajo control es suficiente. Lo dominamos y creemos que
somos "fuerte". Aceptamos nuestros logros como la
confirmación de que estamos mejorando. Pero no es
cierto: interiormente nos ponemos peor. A pesar de
nuestras victorias, somos víctima de nuestros vicios. Lo
dominamos hasta que ambas manos se llenan, pero ahora
estamos demasiado ocupados para molestarnos con la
carga de nuestros vicios. No podemos mantener a
nuestros vicios bajo control mientras estamos tratando de
mantener nuestras victorias.

Ellos dicen: "manos ociosas son el taller del diablo", pero
las manos ocupadas son el lugar donde el enemigo te coge

desprevenido. No se puede ver el ataque que viene cuando se consume con el futuro. Manos llenas incapacitan y nos hace indefensos ante el apetito voraz del vicio. Así que ahora usted está tratando de gestionar el vicio que está tratando de surgir porque sabes que si lo hace, va acabar contigo. Se asoma su cabeza fea y lo empuja de nuevo hacia abajo, en la creencia que lo arreglara. Somos famosos por la supresión, por la elección de no ocuparnos de las cuestiones subyacentes, excepto los prestados a "tener-que". Pero tan pronto como la fiebre y la lista de logros estàn satisfechos, encontramos que en lugar de obtener la victoria sobre nuestros vicios le hemos dado la victoria a nuestros vicios.

Valor para Enfrentar

La mayoría de los líderes son motivados por el sonido de la multitud. Ellos son víctimas de las inclinaciones de su carne, ya que se intoxican por los sonidos de éxito, pero siempre y cuando escuchamos la multitud, sofocamos el sonido de nuestros vicios llamandonos. Para muchos de nosotros, nunca hemos experimentado el avío de liderazgo. Lo atractivo de la unción atrae tanto las buenas como las malas. Despierta el gigante dormido por dentro. Esto es algo que cada líder debe comprender: el gigante dormido puede ser despertado. ¿Cuál es su gigante dormido? Si usted no sabe lo que es y su adversario si lo conoce, ya está derrotado. A todo líder le debe quedar claro que hay alguien o algo que lo puede traer para abajo. No vuelvas a dormir en lo que puede ser despertado en su vida.

El hecho de que usted ha superado algo no significa que

haya terminado con él. Muchos líderes descubren que tienen la fuerza para seguir adelante, pero no el coraje para enfrentarse a lo que están tratando de dejar por atràs. A veces cuando uno decide seguir adelante en vez de enfrentar lo del pasado eso puede volverse en su contra y destruir a su destino. Es por esto que es importante que nosotros no permitimos que nuestro movimiento se convierta en nuestro momento de enmascaramiento.

David se enfrentó a su propio gigante con el nombre de Goliat (1 Samuel 17: 4-51), pero no solo lo noqueo; también se puso de pie sobre el pecho del gigante y le cortó la cabeza. Una caída no derrota a Goliat. Muchos líderes tienen la sabiduría de David para acercarse y enfrentarse a lo que noquearon desde una distancia. ¿Qué ha noqueado usted que necesita volver atrás y cortar?

Tenemos que ir a los lugares oscuros de nuestras vidas, el lugar donde el enemigo trató de detener nuestro desarrollo, donde nuestras vidas fueron amenazados mientras que no fuimos capaces de valernos por nosotros mismos y tratar con él. Cuando Jesús era todavía un niño, el rey Herodes emitió un decreto que todos los bebés fueran asesinados (Mateo 2: 3-16), ya que fue intimidado por Jesús y la grandeza que poseía. Todo líder debe descubrir el ataque lanzado contra èl en su infancia y abordar el asalto a su unción para que puedan encontrar el éxito. De otra manera, lo que Herodes no nos hizo, vamos a terminar haciendolo a nosotros mismos.

Es de vital importancia entender e identificar los que nos trataron de impedir para que no le hagamos daño a los que nos están tratando de ayudar. Lamentablemente, la mayoría de los líderes terminan en esta posición, donde lastiman a los que están ahí para ayudarlos, porque llevan el equipaje de los que trataron de hacerles daño. Sufren a causa de lo que se le hizo a ellos en sus etapas de inmadurez; y ahora que son maduros, inconscientemente buscan venganza por aquellos que los daño cuando no podían defenderse. Esto da lugar a los líderes que tienen la incapacidad para interactuar con otros a nivel personal o participar de una manera íntima. Culpamos a nuestra falta de sensibilidad en nuestro viaje para ser un líder realizado pero es el recuerdo de aquellos que trataron de matarnos cuando éramos más vulnerables que nos impiden hacer esa conexión.

Todo líder debe entender que el enemigo tiene tres fases de ataque: primero, trata de matar en su etapa infantil. En segundo lugar, el trata de que entremos en conflicto en el desierto; y en tercer lugar, trata de confundirnos en el jardín. Echemos un vistazo a estos más en profundidad.

Propòsito

La primera etapa del ataque ocurre cuando usted está en su etapa infantil. Cuando usted es atacado en su etapa infantil, tiene dos opciones, podría llegar a ser amargo o envalentonado. Cuando usted entienda que Dios protegio a su propósito, entonces la amargura no es una opciòn. Defiende los que no pueden defenderse por lo cual el destino está asegurado a pesar de lo que le fue hecho a usted. Las cosas grabadas en ti deben ser las afirmaciones de su genialidad y no en una razòn para que usted se convierta en lo que desprecia.

Los líderes tienen que procesar y purificar cada etapa de su vida antes de pasar a la siguiente fase de éxito. No permite que los obstàculos adolescentes eclipsan sus logros que en el mundo de los adultos. Si va atraer el poder sustentador de Dios, debe superar los ataques que tuvieron lugar en su etapa inmadura. No se puede progresar y regresar a la misma vez: una persona de éxito que está progresando en su carrera, pero està regresando en su vida personal es una casa dividida contra sí misma.

En esta etapa, Herodes se erige como una metáfora en nuestra vida. Nuestros enemigos son conscientes de lo que somos antes de que nos demos cuenta de ello; pero si no te podían matar en ese entonces, sin duda no pueden matarte ahora. Nunca renuncie lo que ganaste porque usted eligió volver a los lugares en que Dios le habìa protegido. Ellos no pudieron lesionarte cuando eras inmaduro así que sea lo suficientemente maduro como para sobrevivir a las cosas que se le hicieron. No muera por la espada de la ignorancia de otro hombre.

Fuerza

La segunda etapa del ataque del enemigo se trasluce en el desierto, donde trata de meterter en conflicto. A menudo se predica que Jesús estaba lo más débil cuando fue al desierto, pero me gustaría someter que él estaba más fuerte. Dios nunca le permitirá ir al desierto a su más débil. La mayoría de los líderes no entienden el propósito del desierto: es un lugar de recuperación, un lugar para los poderosos no para los que no tienen poder. El desierto fue donde Cristo restableció los patrones del jardín y donde recuperamos todo lo que se rindió. El desierto no es para los débiles, es para los guerreros. Es el lugar donde derrotamos toda tentación y superamos todos los obstáculos; donde el hambre te enseña que el hombre no vivirá sólo de pan, sino de toda palabra que procede de la boca de Dios (Mateo 4: 4); donde el hombre se hace profundamente consciente de su dependencia en Dios como su fuente. El desierto es una oportunidad para crucificar su carne y fortalecer su relación con Dios.

La mayoría de los líderes, sin embargo, hacen la antítesis: se meten en el desierto y se entregan a su carne. No podemos darnos el lujo de llegar al lugar donde la victoria se encuentra y sucumbimos a nuestras debilidades. Creo que si volveríamos a identificar el propósito del desierto, estaremos mejor preparados para enfrentar su desafío y salir con la victoria total. Este no es el momento para el conflicto que reine en vuestros miembros, pero para que usted pueda concretar su fe.

Si usted está en su desierto, usted está allí a propósito. Jesús fue llevado al desierto por el Espíritu Santo (Marcos 1:12) y usted no es diferente. Usted está en este lugar, no porque usted ha sido malo, sino porque usted fue dirijido; porque Dios en su poder soberano está diciendole que usted es lo suficientemente fuerte como para derrotar a la misma cosa que esta tratando de derrotarlo. Nunca menosprecies la experiencia en el desierto. Cuando usted aprende cómo funcionar en su desierto, usted aprenderá cómo superar sus debilidades.

Encrucijadas

Para la tercera etapa, el enemigo nos lleva al jardín. Como Cristo en el Huerto de Getsemaní, llegamos a una encrucijada: o nos movemos hacia adelante en nuestro propósito o nos paralizamos por las posibilidades. Es en el jardín donde la mayoría de los líderes renuncian a su destino. Las posibilidades de lo desconocido nos impide perseguir todo lo que Dios nos puso en la tierra para perseguir. Es en el cruce de caminos que nuestra divinidad comienza a luchar con nuestra humanidad: nuestra grandeza es desafiado por nuestra debilidad y nosotros nos ponemos a sangrar en la idea de hacer algo que nunca hemos hecho antes.

La mayoría de los líderes fallan a causa de su temor de ir hacia adelante. Las posibilidades son insondables, por lo que pierden su identidad y van en la dirección opuesta. Ellos abandonan su misión cuando se encuentran en conflicto por sus opciones y descubren que el jardín, un lugar bonito, también es peligroso.

Entonces, ¿cómo podemos lograr lo que nunca hemos hecho antes? El miedo nos lleva hacia áreas de incertidumbre; produce perversión y nosotros que somos carnales no siempre somos capaces de superarlo, en vez caemos presa a el. ¿Cómo nos morimos al miedo que nos confina a nuestra cruz proverbial? Cristo es el hijo modelo que nos muestra cómo superar el miedo. ¿Cómo murió Cristo? ¿Cómo surgió que la eternidad envuelto en carne finita pudo limitarse a la cruz y experimentar algo que nunca había experimentado antes (la muerte)?

Encontramos las respuestas a esas preguntas cuando respondemos a otra pregunta: ¿qué es (o dónde está) su lugar bonito? El jardín, el lugar bonito, es un lugar de conflicto. En el jardín hay que ir más allá de sus sistemas de apoyo a algo desconocido. Además, te das cuenta de que no todo el mundo tiene su sistema de creencias, no todos pueden orar con usted y durar todo el tiempo que usted pueda.

Pero también es en el jardín que encontramos la oportunidad de ceder y entregarnos a elección. Pues verán, que la marca del poder es su capacidad para elegir ahora. Así como Cristo tuvo que elegir su divinidad sobre su humanidad, a usted y yo somos dados la oportunidad de elegir nuestra divinidad sobre nuestra humanidad. ¿Qué reinará cuando es su turno para elegir? ¿Sus opciones seran divino o carnal?

Antes de poseer el poder, las opciones eran limitadas. Cualquiera puede ser moralmente ausente de elección; pero la moralidad sólo se hace evidente cuando se tiene la oportunidad de ser inmoral. Es en el cruce de caminos cuando la tela de su fe es halada que averiguamos cuáles son sus verdades fundamentales. Los valores fundamentales se hacen evidentes. Cuando usted puede permitirse el lujo de ser inmoral, sin tomar una decisión de permanecer moral, entonces usted realmente sabe que existe la moralidad en ti.

Cada líder tiene que entender que están establecidos en la encrucijada de la vida. Caracter sin una unión es como un árbol que cae en el bosque sin que nadie este allí para escucharlo: si tiene un sonido o no, sin que alguien este presente para apreciarlo, la acción se convierte inútil. Si entendemos el propósito del jardín, podemos perseguir intencionalmente nuestros valores fundamentales y mantener nuestros puntos de referencia éticos. Luego, cuando tenemos la oportunidad de dar testimonio de nuestro carácter, nuestras elecciones hablarán más fuerte que nuestras palabras. Este no es el momento para estar en conflicto; es su hora de moverse en sus convicciones.

Convicciones

Cada líder tiene que entender sus convicciones. Como Cristo, debemos estar confrontados con el desafío del jardín, así que estamos fortalecidos en nuestra fe y entregados a nuestros valores fundamentales. Cualquier líder que no ha establecido sus valores fundamentales siempre fallará la prueba del jardín.

¿Ha fallado la prueba del jardín? Si es así, es probable que sea porque usted ha estado conduciendo sin ética o valores fundamentales. La belleza de la gracia es que en el jardín tenemos una oportunidad para descubrir o redescubrir el fundamento de donde estamos. Su triunfo viene en las decisiones que toma, no en el territorio que toma. Cada líder tiene que tener una experiencia de Getsemaní con el fin de fortalecer su base y enfocarse en las misiones reales de la vida. Cristo pudo conquistar su jardín e ir a su cruz porque entendiò lo que vino después de su muerte. Acaso no había decidido morir, él nunca habría experimentado su resurrección; y ésta es una opción que todos los líderes deben entender: el camino a la vida es a través de la muerte. El camino hacia una vida de éxito se logra a través de una decisión de morir a nuestra carne natural. La elección difícil se hace fácil cuando entiendò lo que viene después. Como líderes somos capaces de prever, por lo tanto, debemos entender que el morir es ganar.

Nuestras elecciones son importantes. No podemos cambiar con eficacia y transformar nuestras sociedades, nuestras finanzas y nuestras familias sin tomar en cuenta nuestro futuro. Debemos prever nuestro futuro y tomar decisiones hoy sobre la base de lo que vemos en nuestra mañana. Al tomar una decisión, cualquier líder que no prevé su futuro es un tonto para avanzar en esa decisión. Su futuro reflejará la elección efectuada en su encrucijada. En este momento usted es la suma total de las elecciones realizadas en el punto de conflicto. ¿Qué elección va a hacer acerca de su futuro y a que va a afectar?

Solemos decir que Dios tiene gracia por todos nuestros pecados, y lo hace, pero la gente no lo hacen. Dios es lleno de gracia, pero la gente no lo son. Dios te perdonará, pero la familia, los amigos y las finanzas no lo harán. Las decisiones que tomas determinará la relación que abandonas. Cuando usted toma la decisión equivocada, afecta a las personas adecuadas. Corresponde a cada uno de nosotros cuando llegamos a nuestras encrucijadas de elegir las cosas que mejorarán nuestra familia, enriquece nuestras relaciones y asegura nuestro éxito.

La Cruz

No estamos luchando por nuestra salvación o nuestra alma; estamos luchando por la sostenibilidad de nuestro éxito. La verdadera liberación viene cuando tenemos la oportunidad de crucificar públicamente lo que provoca una crisis privada. Similar a lo que Cristo hizo en la cruz del Calvario, debemos soportar nuestra cruz y despreciar nuestra vergüenza para recibir nuestra corona de justicia. Deja de creer que has llegado más allá de la cosa por la cual no has muerto. Hasta que mueras a ella, nunca realmente experimentaras la plenitud de la vida que Dios quiere que usted tenga.

Desafortunadamente, los líderes de hoy no saben cómo morir en la cruz. ¿Se imaginan el conflicto del Cristo? ¿Cómo puede morir èl que es el origen de la vida? ¿Cómo puede enfrentarse una persona de éxito a las áreas en que no tiene éxito? Si un líder va a conquistar las cosas diseñadas para detenerlos, ellos deben estar dispuestos a morir a ellos. Deben llevar sus pecados a su lugar personal de la crucifixión y tratar con ellos allí.

Si no enfrentas a lo que usted no ha tratado, por favor sepa que vive para matarte. Por lo tanto usted debe intencionalmente abordarlo antes de que te destruye. Para ello, es necesario que se fije en lo que pretende renunciar a su destino y destruirlo. ¿Qué Gigantes dormidos deben ser tratados dentro de ti? Qué crucifixión tiene que tener lugar que podría ser utilizado para ayudar a salvar el mundo?

La mayor rendición de cuentas y la garantía de la liberación es uno que tiene lugar en público. Si tú eres el Cristo, algún momento de su batalla privada debe ser colocado en la exhibición pública; y si usted tiene un objetivo de salvar el público, debe ser hecho vulnerables a ellos. Tienen que ver las zonas donde mueres para que ellos también puedan unirse a su muerte. La cruz es una invitación a venir y morir con Cristo. Es un llamado de atención emitida desde la cruz por toda la humanidad a morir a su naturaleza pecaminosa.

Con una exhibición pública de dolor privado, cada líder tiene la oportunidad de invitar a la gente a morir en el lugar donde ell líder muriò. ¿Se imagina a todos los que se podría salvar? Al mostrar sus heridas y sus cicatrices como el apóstol Tomás hizo, aquellos que experimentan dolor similar podrían creer.

Me encanta la historia de Tomás. A menudo le llamamos "Tomás el incrédulo", pero hay que tener cuidado con las etiquetas y los títulos que le ponemos a las personas. Tomás no era un escéptico, pero alguien que quería creer. Oyó los relatos de la resurrección de Cristo y lo quería experimentar personalmente por si mismo. Les dijo a los otros discípulos: "Si no he visto lo que viste y experimentado lo que has experimentado, no puedo creer como usted cree (Juan 20:25)." La respuesta de Jesús le mostró lo mucho que lo amaba: se aparecìo a Tomás y le dio la misma oportunidad que a los otros diez discípulos. Él le dijo que tocara los lugares donde había sido herido y lastimado más.

Cristo no tuvo miedo de exponerse en las áreas donde había sido victimizados y donde era más vulnerable; y debido a esta experiencia, Tomás era capaz de creer en el mismo nivel que los otros discípulos. Como líderes, oramos que el público nunca este al tanto a nuestros lugares dolorosos; pero si Cristo ha de ser nuestro ejemplo, entonces debemos aprovechar todas las oportunidades para exponer nuestro dolor para que otros puedan creer.

Delatar a ti mismo

Ser un líder no significa estar ausente de defectos; por lo contrario, significa que tiene la capacidad de superar los defectos. ¿Por qué entonces nos avergonzamos de exponer nuestra fuerza para superar? La Palabra de Dios dice que somos vencedores por la sangre del Cordero y por la palabra de nuestro testimonio (Apocalipsis 12:11). La fuerza de cada líder es que hemos vivido en el lugar doloroso. Hemos superado los clavos en las manos y los pies, y las heridas de nuestro lado. Debemos estar dispuestos a pedirle a la gente que toquen los lugares en las que hemos sido más heridos.

Mi padre me dio un gran consejo cuando estaba creciendo: delatate a ti mismo. Es difícil para las personas mantenerlo como rehenes cuando usted es el que ha dado a conocer lo que lo incomoda. Pero la mayoría de los líderes no llegan a su destino, porque mantienen secreto pequeños y sucios. Es el mantenimiento de estos secretos que nos impide ayudar a otros que luchan con los mismos problemas. Somos llamados de entre ellos, pero si nadie sabe lo que usted lucha contra, ¿cómo saben que ya no esta tratando con eso? La Biblia dice: "Confesaos vuestras ofensas unos a otros (Santiago 5:16)." ¿Por qué? Si yo sé lo que usted lucha contra, puedo colaborar con usted para matarlo antes de que te mata. La responsabilidad pública es de gran alcance. Se crea un círculo de influencia que nos sostiene en la obra terminada de la cruz.

Muchos de nosotros elegimos a suprimir nuestro pecado porque nos gusta la idea de alejarnos más allá de él hasta que podamos volver a ella. Pero la liberación real está en quitarle ese poder. Pablo dijo: "Cada día muero." (1

Corintios 15:31)." Así que cada líder debe morir diariamente para su carne, para lograr la rendición de cuentas pública en la que podemos servir a nuestro prójimo y no nuestra imperfecta, carne finita.

Represión es para los mediocres, no los grandes. Los grandes hombres y mujeres tienen un gran conocimiento de las áreas donde necesitan crecer. En vez de permitir a nuestro electorado la oportunidad de operar bajo el mito de que somos sobrehumanos, tenemos que hacer un mejor trabajo para conectarlos a nuestra humanidad y continuamente recordándole a las personas que todos estamos en camino a ser el mejor "yo" posible.

Por esta razón, tenemos que darle a los líderes la oportunidad de crecer hacia su día de la liberación. El jardín y el cruce de caminos son los caminos hacia el desarrollo. Debemos permitir a cada líder esos dos lugares con propósito antes de que los descalificamos basado en comportamientos de la cual aún no se han librado. De ninguna manera es esto una excusa, sino simplemente una oportunidad para que los grandes líderes se conviertan en grandes personas.

Nadie me pregunto

La mayoría de los líderes son como David: que son ungidos, pero no pidieron esa unciòn. David simplemente estaba trabajando en el campo de su padre, tendiendo a las ovejas de su padre. No pidió ser rey, pero él fue elegido para ello. Como líder, estoy destinado por mi capacidad para llevar a cabo; yo fui asignado a una misión sin consulta previa. El aceite fluye en mi cabeza, pero nadie me preguntó si quería ser señalado o si yo deseaba ser seleccionado.

Como líderes, somos diligentes en nuestros esfuerzos y realizados en el campo pero muchas veces, no estamos preparados para lo que atraen nuestras capacidades. El hecho de que yo deseo llevar a cabo lo que soy bueno para hacer no significa que yo he pedido ser un modelo para el mundo. En nuestra sociedad, le pedimos a la gente que son competentes en una habilidad o un arte que sean perfectos en todas las áreas. Si le preguntáramos a David quién era èl, yo creo que él habría dicho, "Tiendo a las ovejas; y mato osos, leones y gigantes." Él también podría haber añadido: "Yo amo a Dios, pero yo no pedí ser el portador de la comunidad. Yo no pedi ser puesto bajo el microscopio del escrutinio para tener mi vida analizada en los siglos venideros." David nunca tuvo la intención de convertirse en el centro del dogma teológico; él simplemente hizo lo que estaba dotado para hacer y, al hacerlo, se convirtió en una muestra y espectáculo para toda la humanidad para juzgar.

David practicaba su oficio trabajando su "juego de tirachinas". Eso lo preparó para su misión, pero no las otras áreas de su vida. Su preparación no lo desafió a entrenar a su personaje. Como líderes, estamos entrenados para alcanzar y dominar nuestros dones; sin embargo, no se nos enseña a destruir o hacer frente a nuestras disfunciones. Nosotros atendemos a lo que es correcto, dejando lo que es mal a rumiar y engendrar. Tenemos una "mentalidad de tirachinas" - trabajamos en nuestro objetivo y nunca nos preparamos para la fama que nuestro objetivo traerá. Al igual que David, muchos líderes son competentes en la lucha contra los gigantes fuera pero no han conquistado los gigantes dentro. Hemos dominado la bestia fuera - los leones, osos y gigantes - pero no la bestia dentro.

En mi opinión, las exigencias que ponemos en la gente común en papeles regias es injusto. La mayoría de los líderes nunca piden estar a cargo, lo que quieren es ser bueno en lo que hacen. ¿Quién hubiera pensado que lanzar una roca tomaría a David desde el campo hasta el trono? Pero lo hizo...se lo llevó al palacio, a pesar del hecho de que nadie le preguntó si esto era lo que quería. Dios controlò su destino - y, a veces, también lo hicieron la gente a su alrededor.

Muy pocos planean para el éxito, ya que no tienen un plan que usa el factor de sus defectos. El triunfador solamente reconoce el favor, pero nunca el desafío de poseer sus defectos. El regalo es obvio, así que vamos con lo que vemos, pero muchos de nosotros nunca nos preparamos para lo que podríamos ser. El verdadero plan de éxito usa el factor de los defectos del líder y hace todo lo posible para corregir los defectos antes del reinado. El que se prepara para el éxito se ocupa de las cosas que podrían comprometer todo lo que ha trabajado para lograr.

El Aceite

El llamado al liderazgo es extremadamente difícil debido a que su primera tarea es la de separarlo de la familia y apartarlo de los demás. Como el rey ungido y del futuro, el aceite fluyó sobre la cabeza de David, pero se negó a reconocer a sus hermanos.

Bueno bueno, me gusta que mis hermanos y yo nunca pedí ser reconocido por encima de ellos; pero mi corazón es desconocido a los que le he dado mi corazón, haciéndome mal entendido por mi familia y las personas cercanas a mí. Así que ¿por qué es que el aceite fluje en mí, pero no ellos? ¿Por qué me toca a mì enfrentarme a la traición de la familia, mientras que se preguntan por qué no fueron ungidos para la tarea? ¿Por qué fuì escogido para ser atormentado? Yo no pedí ser diferente!

¿Por qué no podemos aceptar las disfunciones de las personas que son competentes en un área, pero fallan en otros? Si entendiéramos el precio que los líderes pagaron en sus vidas privadas de familia antes de que llegaron a la luz pública, seriamos más simpáticos. Servicio a los demás a veces nos separan del servicio a los que nos aman y nos necesita más - nuestra familia. En mi vida personal, yo vi como fue seleccionado mi hermano para soportar la cabeza y los hombros por encima de todos y fue ungido para su misión. Pero su vocación lo consumío, llevándolo lejos de todos los que el amaba y todos que lo amaban. Vacaciones, noches, eventos importantes - todos fueron dedicados a servir a los demás. Luego, cuando experimentó una debilidad moral y un fracaso familiar, fue despedido por los que èl habìa servido porque creían que estaba exhibiendo una falta de carácter. Había perdido a su familia mucho antes de que el fracaso fue evidente. Había perdido a su familia en privado y fueron testigos de los resultados en público.

Aunque la mayoría de los líderes están perfeccionando su oficio, están perdiendo compañìa acariciada. La distinción psicológica que sufren antes de entrar en la puerta del éxito es difícil. Nadie le pregunto a David si quería dejar a su familia para lo desconocido, pero era un requisito previo para el trono, un miedo que tenía que superar si iba a tener éxito. Podemos ser realizados como líderes, pero no significa que no tenemos miedo. Suponemos que porque David luchó osos, leones y gigantes que estuvo sin miedo, pero yo someto que solo somos intrèpidos para lo que somos ungidos. Puedo enfrentar los osos, los leones y los gigantes y derrotarlos sin miedo, pero no puedo enfrentarme a mis problemas personales solo. Liderazgo nos aísla y nos hace enfrentar una vida que no estamos equipados para nosotros mismos.

Al igual que David, nuestros dones nos alejan de la casa del padre y los que nos conocen mejor, dejándonos para luchar con un rey que no tiene la capacidad de ser un padre a nosotros. Nosotros sólo estamos en el palacio para aprender sus protocolos, pero al hacerlo no resuelve nuestros problemas personales. Ahora estamos operando en un mundo ausente de los que nos entiende y nos podría ayudar. Ahora el público escudriña nuestra vida privada en público sólo por nuestro deseo de servir; y por si fuera poco nuestra vida familiar se termino antes de que el foco nos golpeó.

La paradoja de ser ungido es que somos ungidos por los demás, pero no para nosotros mismos. ¿Cómo nos descubrimos a nosotros mismos cuando siempre hemos vivido por los demás? Somos ungidos para parar las cosas que puede destruir a otros, pero quien está ahí para detener a los osos y los gigantes de atacarnos? Nosotros sólo queríamos hacer la diferencia para no convertirse en un objetivo. Deberíamos estar rodeados de seguidores en vez sólo hemos atraído a los atacantes. La asignación toma más de lo que da y nadie nos preguntó si queríamos dar nuestra vida.

Nunca se nos dice que la firma en la línea punteada entrega nuestras vidas, no sólo nuestros dones. En algún lugar de la letra pequeña del pacto usted es contratado para beneficiar al contratista. Esto deja a muchos líderes a preguntar "¿En què me inscribi?" Nadie dice la verdad acerca de los peligros y riesgos de adquirir algo que estaba dotado para pero no mentalmente preparado. Tenemos que pasar más tiempo desarrollando nuestro "juego mental" en lugar de nuestro "juego tirachinas". Necesitamos asesoramiento a los "efectos" de nuestra familia. Tenemos que ser honestos acerca de lo que alimenta nuestro fuego y lo que estamos luchando.

El mundo quiere que usted sea todas las cosas a pesar de que sólo quería ser una cosa. Un artista quiere cantar, un atleta quiere jugar, un escritor quiere escribir y David solo quería trabajar para su padre. La capacidad de David le llevó lejos de lo que quería y de lo que ellos pensaban que debía ser hecho. Nadie le pidió a David si quería ser rey, ¿asì que por qué debe esperar que se le pregunte?

Lo Comùn Mata a Reyes

Es cierto que hay probablemente atributos más comunes en mí que los real. Todos comenzamos común y ser común no es una cosa mala. Sólo se convierte en un problema cuando se pone en posición de prioridad. Las cosas que la gente común hacen todos los días son impropias para el rey. Entonces, ¿qué hago cuando mis inclinaciones hacia los comùn conflicta con mi papel de ser rey? Aunque puedo hablar el inglés del Rey, prefiero conversaciones comunes. Del mismo modo, puedo comer en la mesa del rey, pero me encanta la comida del común. Entonces, ¿cómo puedo superar lo que he sido por tanto tiempo? ¿Cómo puedo hacer el cambio? ¿Cómo dominar este monstruo que está tratando de consumirme?

Al igual que un médico que trata un cáncer agresivo, debemos atacar lo común y desconectarnos de ella antes de que comprometa nuestra grandeza. No podemos eliminar tan gran parte de ella que no queda memoria de él, porque nuestro ministerio depende de él, pero es esencial que permitamos que la cura trabaje para que nuestros cuerpos puedan vivir. Es esencial que nos sometemos al tratamiento. En una situación como ésta, un médico podría prescribir quimioterapia. La quimioterapia es un veneno inyectado en el cuerpo para elegir como blanco el cáncer y erradicarlo. Con el fin de eliminar todo lo que es adversa y avanzar rápidamente más allá de la normalidad, nosotros también debemos dirigimos intencionalmente el cáncer - en este caso, lo común, porque cuando demasiadas cosas normales están avanzando en contra de usted, entonces el líder en ti está en grave peligro. La quimioterapia ataca las células malas, pero a veces las buenas células mueren. Pero las células buenas regresan mientras que las células malas permanecen ido para siempre. Alabado Sea Dios!

Echemos un vistazo a la adicción sexual, por ejemplo. El sexo es común y normal; sin embargo cuando se avanza más allá de sus límites rápidamente, se convierte en una disfunción; y cuando lo que se considera normal, por lo común ahora se declararon ser disfuncional cuando se hace por personas poco comunes, entonces la mayoría común encuentra la manera de condenar el comportamiento adverso de los minorías no comunes. Es por esto que nuestros periódicos venden: historias son hechos en tabloides y las revistas se convierten en herramientas que demonizan a nuestros líderes. Si el líder va a mantener su éxito se convierte en un espectáculo, no debe sumergirse en un estado disfuncional rápidamente avanzado. La intriga de lo común es no ver las fallas del líder poco común; pero al verse a sí mismos en una condición adversa, insalubres que avanza ràpidamente en el líder fuera de lo cómùn es su problema. Las personas que te siguen no les importa que seas diferente; simplemente no quieren que usted sea disfuncional. Ellos no quieren una versión adversa de si mismos que avanza ràpidamente en el timón de su nave.

Los líderes deben aprender la disciplina y el arte para poder destruir a las adicciones y atracciones. Nuestros logros no significan nada a lo contrario. Líderes caen cuando no logran dominar el lado indisciplinada de sí mismos y eliminar la tentación de ser como todos los demás. Muchas veces he dicho que las personas casadas tienen que pasar un rato con las personas casadas, mientras que las personas solteras tienen que pasar un rato con los solteros, para que sus relaciones puedan florecer y que puedan evitar la tentación. Por supuesto hay excepciones para cada regla, pero si la relación va a ser sano, tenemos que seguir las reglas. Del mismo modo los líderes deben pasar un rato con sus compañeros. Es el equivalente a la quimioterapia, que mata al cáncer para que el cuerpo pueda vivir.

Los líderes de las organizaciones tienen que dirigirse a las conexiones comunes que les impiden ser un líder fuera de lo común. Jesús amaba al hombre común; se identificaba con él y lo redimió, pero cuando Pedro se hizo demasiado común le reprendió (Marcos 8:33). ¿A quién tienes que cortar para evitar que se vuelva a conectar a la parte familiar suya? ¿Qué se necesita para cambiar el fin de fomentar un reinado exitoso como líder? Cambios en la dieta, el régimen, la rutina, la mentalidad o comportamiento - a veces las formas más agresivas de cáncer necesitan tratamientos más radicales. Jesús dijo que si tu ojo te ofende sácatelo (Mateo 5:29) - una forma muy práctica, pero radical para matar a un comportamiento poco práctico y ridículo.

Cicatrices de batalla

Por favor, comprenda la gravedad de sus acciones y el apego continuo a las cosas comunes: van a matar a su carrera más rápidamente que cualquier otra cosa en la farmacia. No es muy diferente a suicidio por un policía. Un individuo busca poner fin a su vida, pero tiene demasiado miedo de hacerlo por su propia mano. Ellos hostigan a un oficial de policía en una situación agresiva y luego actúan como si ellos están apuntando un arma contra ellos. Los oficiales están entrenados para proteger y defender, y en una situación como ésta, no les queda más que una solución: disparar sobre el individuo que presenta la amenaza. En muchos casos, el resultado final es la muerte.

Me pregunto cuántos de nosotros estamos tirando la pistola proverbial en la vida para matar a nuestras carreras. Estamos cansados de "la vida sigue igual", por lo que vivimos nuestras vidas orando que alguien va a disparar y acabar con todo. La mayoría de las víctimas de suicidio no quieren morir; más bien, lo que quieren es terminar con el dolor. Muchos líderes son asi: no quieren ser comùn, pero el dolor de ser diferentes impulsa la mayoría de los líderes a anhelar la normalidad.

Acciones agresivas son nuestra forma de exclusión voluntaria. Nadie nos explicó o ayudó a procesar el dolor de líder. Todo el mundo celebra el pionero, pero nadie sabe las quemaduras sufridas por abriendo el camino. El calor del fuego afecta a la forja de la pista. La sabiduría convencional nos dice que no toque el fuego. La primera vez demuestra su fuerza; es tan feroz; pocos quieren enfrentarlo dos veces y es a este punto, muchos líderes se portan mal para no participar.

Cuando yo era joven, jugaba con algunos destellos "para los niños". Sin pluma o explosión, simplemente un fuego brillante. Recuerdo que estaba tan fascinado por el brillo, lo agarré por el centro y me quemé la mano. El dolor fue tan intenso, que no quise jugar con destellos después. A este día, nunca he usado, ni he permitido que mis hijos jueguen con destellos. Han perdido la belleza de ver este espectáculo todo por culpa de mi experiencia a la edad de cinco. En lugar de enseñar a mis hijos cómo manejar adecuadamente un brillo, he administrado mal mi oportunidad de entrenarlos para la experiencia.

Quemaduras puede impedir productividad futura, así como interferir con la capacidad de que las generaciones futuras puedan beneficiarse desde el lugar en el que tuvo una mala experiencia. Nunca subestimes el poder de sus quemaduras. No me di cuenta lo mucho que me afectó hasta que empecé a escribir esto unos 38 años más tarde.

Si no recuerdo mal, el dolor se agravó debido a los remedios caseros y cuentos de viejas. Mi mamá puso mantequilla en la quemadura y nos encojemos a eso hoy ya que sabemos mejor, pero en esel momento ella hizo lo que creía que era lo mejor. Presento que muchos están haciendo lo mismo hoy: está utilizando remedios caseros en sus quemaduras, lo que agrava la condición y el empeora la experiencia. Las quemaduras son bastante doloroso - la cura no debe empeorar su situación.

Ya sea intencional o hecho por ignorancia, terminamos haciendo más daño que bien cuando buscamos alivio de nuestros quemaduras a través de vías alternativas que no están basados en Dios. Nos terminamos haciendo cosas malas no porque somos gente mala, sino porque creemos que lo que hacemos va a sanar nuestro dolor. Mi mamá es una de las más grandes damas cristianas que alguna vez vivio, pero pero no tenia un remedio viable. Así qu euso un remedio de cuentos de viejas, y sin querer retraso el proceso de curación y me dejó con una aversión a las chispas. Mantequilla va bien en una papa al horno, pero no la mano quemada de uno de cinco años de edad.

El aguante de un líder tiene que ser genial, pero el umbral para el dolor tiene que ser mayor. Quiero creer que somos los benefactores de nuestra posición, pero más veces que no, nosotros somos los que más sufren: nuestros victorias mayores se convierten en nuestros cicatrices más grandes y el precio de nuestros éxitos es tatuado un lugar destacado en nuestra carne. Como líder, tome un momento para reflexionar sobre el costo de sus logros y el precio para estar en la posición que se encuentra. Eres genial porque usted ha tolerado las cosas que otros nunca habrían sido capaz de soportar, pero usted debe estar dispuesto a atender el dolor que ha soportado, o usted continuará exagerando su lesión.

PARTE II: SANSÓN

Diferente

Hemos mirado a David y su ascenso de lo común, pero a medida que tomamos Sansón en cuenta en nuestro intento de entender por qué los líderes fallan, nos haría bien en reconocer que en algún momento no sólo debemos reconocer lo común en nuestros líderes y en nosotros mismos, sino que también debemos defendernos contra el deseo de ser normal. Debemos llegar a ser cómodo con ser diferente; y al seguir la vida de Sansón, vamos a descubrir algunas de las dificultades de ser un líder único, y tambièn los retos que les hacen abortar su misión. Empecemos esta sección mediante la introducción de Sansón y la identificación del problema que provocó su caída.

Jueces 13:3-5 A esta mujer apareció el ángel de Jehová, y le dijo: He aquí que tú eres estéril, y nunca has tenido hijos; pero concebirás y darás a luz un hijo. 4 Ahora, pues, no bebas vino ni sidra, ni comas cosa inmunda. 5 Pues he aquí que concebirás y darás a luz un hijo; y navaja no pasará sobre su cabeza, porque el niño será nazareo a Dios desde su nacimiento, y él comenzará a salvar a Israel de mano de los filisteos.

La mayoría de personas benefician de los conflictos desarmados, equipajes de la traición y heridas de batalla que sus líderes pelean. Sin embargo nos olvidamos de reconocer los sacrificios que hacen por el bien de la sociedad. Estos sacrificios pesan sobre ellos; y muchas veces lo que los identifique como diferente se convierte en lo que se quieren separar. Es en ese momento cuando el líder sabotea su éxito en un esfuerzo para volver a la normalidad.

El cabello de Sansón le destinó únicamente como alguien diferente; pero diferente no siempre es mejor para alguien que quiere ser igual que todos los demás. Como Sansón, nuestro pelo es el símbolo de nuestro talento, nuestro regalo o en lenguaje espiritual, "nuestra unción". Es lo que nos identifica como diferentes. Si analizamos la gente con talento, encontraremos que son las personas más solitarias, más aislados e incomprendidos en nuestra sociedad debido a sus diferencias. Pero esto es de esperar: la unción segrega y nos separa de aquellos por quien estamos luchando; y la mayoría de los líderes no son conscientes de ello.

En cambio, asumen que las personas que están utilizando sus dones deben devolver el favor al apreciarlos, pero esto rara vez sucede. Le haría bien a los líderes despojarse de la necesidad de ser aplaudido por la gente que sirven. También deben entender que son líderes por una razón; y aunque están ahí para el beneficio de sus seguidores, el liderazgo puede causar a otros a temer, despreciar e incluso traicionarlos a ellos. Los líderes deben familiarizarse con este ideal ya que en muchos casos es parte del curso. Fue asi para Sansón, pero porque no se habia desarrollado lo suficiente como para tratar con él, él saboteó su propio éxito, se divorció de su propio destino y se excluyo a sí mismo de cumplir su propósito.

El Costo de la Batalla

En Jueces, capítulo 14, vemos el viaje del selecto comienza a desarrollarse:

5 Y Sansón descendió con su padre y con su madre a Timnat; y cuando llegaron a las viñas de Timnat, he aquí un león joven que venía rugiendo hacia él. 6 Y el Espíritu de Jehová vino sobre Sansón, quien despedazó al león como quien despedaza un cabrito, sin tener nada en su mano; y no declaró ni a su padre ni a su madre lo que había hecho.

Sansón viene al mundo con una marca de identificación que nos habla de forma automática de su jefatura. Jefatura es una carga pesada, ya que viene con una identidad propia. Usted es escogido de forma automática para ser acosado. El cabello de Sansón lo distingue en una cultura donde los hombres no tenían el pelo largo. Él era claramente diferente, pero tenía que serlo si él iba a rescatar al pueblo de Dios. Llevaba en él la unción de Dios para lograr esto; Sin embargo, lo que mucha gente no entiende es que la unción atrae el ataque. Sansón descubrió esto al principio de su viaje. Nos jactamos de sus batallas ganadas, sus victorias triunfantes y valientes pero no vemos las batallas de su punto de vista. Vemos el éxito, los laureles y el enemigo derrotado, pero echamos de menos las cicatrices de la que tuvo éxito. La mayoría de los líderes se identifican por sus victorias, pero nadie toma tiempo para explorar el trasfondo psicológico y equipaje que se une a ellos en medio de la batalla.

Todo el mundo celebra el hecho de que Sansón destruyó un león con sus propias manos, pero no somos capaces de comprender la gama de emociones que experimentó al ser atacado. ¿Qué pasó por su cabeza mientras se peleó y luchó con el león? Estoy seguro de que el nivel de incertidumbre que experimentó en algún momento de su lucha debe haber sido abrumadora. Segundos parecían horas y horas se sentían como día, mientras que Sansón luchó contra la feroz bestia competente en matar a su presa. ¿Cuánto daño causo antes de que Sansón finalmente lo mató? ¿Cuántas marcas de mordeduras y heridas no se infligieron sobre el varón de Dios antes de que Sansón tuvo lo mejor de él?

El líder no sólo es diferente a causa de su "pelo" - su unción - sino por su capacidad de perseverar. Perseverancia en sí afirma que el individuo ha sufrido situaciones dramáticas y traumáticas que, en muchos casos, vieran tomado la vida de la persona promedio. Las victorias que celebramos son momentos en que los líderes se vieron obligados a ser héroes. Las instancias que proclamamos como sueños pueden en realidad representar a sus pesadillas. Cuando nos damos cuenta de la violencia que ha entrado en el desarrollo de estos grandes visionarios, dejaremos de alabar su pelea y empezar a simpatizar con su lucha. No sólo hay que mirar a lo que se ganó, pero lo que tuvo que soportar con el fin de ganar.

La Unciòn

Sansón fue ungido, pero también fue atacado. Esto es algo que cada líder debe tener en cuenta: la unción atrae el ataque. Desafortunadamente usted no recibe una sin la otra. La comunidad cristiana retrata la unción como un elogio, pero es exactamente lo contrario: es un reconocimiento de que estas vestido para la asignación -

una que le llevará a lugares devastadores para hacer cosas difíciles y rescate de personas indefensas y de situaciones desesperadas. La unción que asigna a las personas disfuncionales, lugares deplorables y tareas peligrosas. David tuvo que derrotar a un gigante, mientras que el profeta Daniel tuvo que entrar en la guarida del león (Daniel 6:16). Del mismo modo, Sansón tuvo que luchar contra un león. Estos fueron los lugares y las peleas que eran difíciles y peligrosos, generados por la unción que llevaban.

La unción es atractivo para aquellos que no lo tienen, sino a los que son ungidos, la unción a veces puede ser una molestia. Puede ser algo que lo coloca cerca de gente que no tenía intención de estar cerca, en lugares que no tenía ganas de estar dentro y en las tareas que usted nunca viera escogido. La unción no es todo como parece: si, abrió los ojos del ciego, pero esos mismos ojos vio al Cristo morir en la cruz. Proveo vino en las bodas de Caná, sólo para traerle sed a Cristo mientras languidecía en la cruz. Permitió que piernas cojas caminaran - directamente a la colina del Gólgota, donde fue crucificado Cristo. Mientras que la unción trabaja para otros, parece funcionar contra el que la está cargando.

No digo todo esto para hacer que usted tenga miedo de la unción, pero es importante entender los efectos residuales de la misma. La unción es lo suficientemente potente como para cambiar la vida, pero a menudo resulta en que líderes optan fuera de sus asignaciones para atender a las heridas que incurrieron en la batalla. Celebramos sus victorias, pero descuidamos sus heridas; y para Sansón, el león era sólo un encuentro. ¿Cuántas otras batallas tuvo? Para cada batalla vista, podemos suponer que hay igualdad de batallas que no se ven. Por todo animal que trae la fama al líder, podemos presuponer que hay otros que dejan profundas cicatrices grotescas. La suma total de la existencia de un líder se compone de lo que sabemos acerca de ellos, pero también hay que recordar que hay peleas que han soportado la que nunca vamos a conocer.

Traiciòn

Hay matices en la vida de cada líder que debe ser entendido en el análisis de su composición, las cosas que han quedado grabados en la parte más profunda de su ser que puede afectar a su capacidad de tomar decisiones. Las batallas con bestias son una cosa, pero la traición de un ser querido pueden dejar marcas indelebles, como Sansón vendría a averiguarlo. Después de haber ganado la batalla con el león con sus propias manos, ahora tendría que luchar contra la traición de su mujer con el corazón desnudo.

Jueces 14:10 10 Vino, pues, su padre adonde estaba la mujer, y Sansón hizo allí banquete; porque así solían hacer los jóvenes. 11 Y aconteció que cuando ellos le vieron, tomaron treinta compañeros para que estuviesen con él. 12 Y Sansón les dijo: Yo os propondré ahora un enigma, y si en los siete días del banquete me lo declaráis y descifráis, yo os daré treinta vestidos de lino y treinta vestidos de fiesta. 13 Mas si no me lo podéis declarar, entonces vosotros me daréis a mí los treinta vestidos de lino y los vestidos de fiesta. Y ellos respondieron: Propón tu enigma, y lo oiremos. 14 Entonces les dijo: Del devorador salió comida, Y del fuerte salió dulzura. m Y ellos no pudieron declararle el enigma en tres días. 15 Al séptimo día dijeron a la mujer de Sansón:

Induce a tu marido a que nos declare este enigma, para que no te quememos a ti y a la casa de tu padre. ¿Nos habéis llamado aquí para despojarnos? 16 Y lloró la mujer de Sansón en presencia de él, y dijo: Solamente me aborreces, y no me amas, pues no me declaras el enigma que propusiste a los hijos de mi pueblo. Y él respondió: He aquí que ni a mi padre ni a mi madre lo he declarado, ¿y te lo había de declarar a ti? 17 Y ella lloró en presencia de él los siete días que ellos tuvieron banquete; mas al séptimo día él se lo declaró, porque le presionaba; y ella lo declaró a los hijos de su pueblo.

Muchos líderes no van de-gloria a gloria, sino de batalla a batalla. Cuando amas lo que haces y la persona que amas reciproca ese amor, la vida está funcionando al máximo rendimiento. Pero cuando amas lo que haces y la persona que amas para de amarte, usted comienza a experimentar uno de los mayores conflictos en la vida. Como líderes estamos acostumbrados a estar a cargo y en control, pero cuando no podemos controlar la lealtad de aquellos que amamos, que nos pone en picada mientras intentamos procesar la traición de la persona amada.

El hecho de que un líder es dotado no significa que ha dominado todas las áreas de sus vidas. Al parecer, sólo porque pueden matar a un león, que debe ser capaz de controlar sus relaciones. Sin embargo, el amor puede hacer víctimas de los vencedores. La mayoría de los líderes trabajan duro, juegan duro y, me atrevería a decir, aman duro. Así que cuando los asuntos del corazón entran en juego, puede comprometer la fuerza de un líder. Por ello, muchos líderes son éxitos públicos, pero fracasos privados.

Lamentablemente, en situaciones como estas, estamos prestos a echar la culpa al líder del fracaso de la relación al líder. Muchas veces, sin embargo, las personas se conectan a las personas de subsecuencia por las razones equivocadas. Vemos esto en el tiempo: la mayoría de los líderes de encuentran el amor después de que su cabello les ha crecido - es decir, después de que han sido destinados para el éxito – hacienda que los motivos de la amada parezcan cuestionable.

El tener que mirar por encima de su hombro para ambos bestia y amada es equipaje que los líderes llevan. Viven con la posibilidad de la traición de aquellos con quien están comprometidos; y operan con escepticismo en relación con las personas a las que están llamados a servir. Esto deja al líder durmiendo con el proverbial "un ojo abierto, un ojo cerrado",al que dirije a sus cargos como "el amargo y el roto". Cuando los más cercanos a nosotros son los que más nos causan dolor, es difícil de conducir sin tener un corazón contaminado. Puedo lavar la sangre del león de mis manos, pero no puedo quitar fácilmente el quebrantamiento de un corazón destrozado.

En consecuencia, el divorcio se ha convertido en un lugar común. Es algo que sucede cuando no somos capaces de identificar los callos que permanecen en los corazones de aquellos que han sido víctimas. Es difícil para nosotros imaginar líderes como débil y vulnerable cuando parecen ser fuertes. Pero debemos recordar siempre, a pesar de sus logros y realizaciones, que son ungidos para "una cosa" y no "todas las cosas". El hecho de que se pelean bien y pelean a menudo no significa que siempre ganan. Muchos líderes se han enfriado porque siempre están bajo ataque, ya sea de fuerzas externas o internas confidentes.

¿Realmente Vale la Pena?

Cada líder tiene expectativas de lo que se necesita para derrotar al león, pero pocos tienen planes para defenderse de la traición de la persona amada. Sansón nunca confió en el león pero él confiaba en su esposa. Cuando usted confía en la gente que está más cercano a usted para ser las bóvedas de sus secretos valorados, usted espera que protegen sus intereses. Cuando las inversiones del líder se devalúan, esto hace que el líder cuestione el valor del liderazgo. Seamos sinceros: si la asignación ha hecho que seamos atacados en público y privado, en algún momento vamos a empezar a evaluar el valor de la asignación. Empezamos a preguntar, abiertamente o en privado, "¿Realmente vale la pena?"

Al igual que David, nadie le preguntó Sansón si quería el pelo largo. La unción es pesada y, a veces demasiado grande incluso para un líder del calibre de Sansón para llevar. Pero si vamos a ver nuestro deber terminado, debemos entender que habrá momentos en los que el peso de la tarea será mucho mayor que los elogios.

Muchas personas quieren dirigir y estar a cargo, pero ellos no entienden la fuerza que se necesita para llevar a algo muy pocos han cargado. Los líderes son una anomalía, no la norma. Ellos deben ser capaces de soportar la presión de lo que persiguen. Cuando no pueden, cuando empiezan a experimentar un "mal día", van a tratar de deshacerse de la cosa causando la presión y el dolor. Ellos tratarán de conseguir un corte de pelo.

Dalila

En el libro de Jueces, capítulo 16, Sansón descubre la única persona que le ayuda a descubrir su verdadero problema:

> *4 Después de esto aconteció que se enamoró de una mujer en el valle de Sorec, la cual se llamaba Dalila. Al contrario de lo que ha sido retratado en el pasado, Dalila no fue el problema de Sansón: fue un síntoma de la cuestión de fondo y ella traería lo que acecha en el trasfondo de su vida a la vanguardia.*

Cada líder tiene que identificar su Dalila. Para empezar, ella es reconocida como "una mujer en el valle de Sorek". Vivía en un lugar más bajo que el más alto lugar de Sansón. La mayoría de los líderes buscan el amor en un nivel inferior, donde pueden ganar aceptación y afirmación. Es realmente una indicación de que el líder no ha madurado más allá de su lugar más bajo. Cuando la aceptación y afirmación viene de debajo de ti, pone de manifiesto la depravación que reina en ti. Dalila representa la mentalidad de Sansón: lo qué te identificas con es un reflejo de lo que está tratando de suprimir. Sólo nos enamoramos de lo que es como nosotros; y Dalila era una indicación de que algo había salido gravemente mal en el interior de Sansón.

Los líderes deben mirar a sus selecciones para ver donde sus luchas son y de dónde vienen. Sus opciones son una indicación de sus exitos o luchas. Dalila no es el problema! El texto nos dice específicamente que Sansón amó Dalila, y como usted dirige, es necesario tener cuidado a quien amas. Cada líder tiene que asociarse con alguien lo va a mejorar. ¿Está conectando a la gente que acentúan sus aspectos positivos? ¿O estàs conectando con personas que están tratando de explotar sus debilidades?

Un Enemigo a su destino

Jueces 16: 6 Y Dalila dijo á Samsón: Yo te ruego que me declares en qué consiste tu gran fuerza, y cómo podrás ser atado para ser dominado.

El problema para la mayoría de los líderes es que la gente quiere conectarse con ellos por su regalo y no lo que son como personas. Las personas que se preguntan acerca de su fuerza y no sobre usted mismo, son un enemigo a su destino. Las personas que tratan de descubrir los secretos de su éxito sin tomar el tiempo para descubrir cómo satisfacerle son los que van a ser una parte de su destrucción. Recuerde Dalila no era el problema a pesar de que fue sin duda una parte de ella. Quería averiguarlo, saber lo que lo motivaba, pero lo que no comprendía era que ella estaba tratando con una bomba de tiempo. Había sido apartado para liberar a Israel de los filisteos, pero él mismo tenía un deseo ardiente en él para ser liberado de lo que lo hacía diferente.

Los líderes deben sentirse cómodos con "ser diferente". Como Sansón, la mayoría de los líderes no son malos; estàn cansados de ser diferente. Ellos quieren ser amados y aún dirigir. Ellos quieren ser primero, pero aún ser parte de la multitud. No se puede ser grande y normal al mismo tiempo. Hay un viejo adagio que dice: "con el fin de dirigir la orquesta, el conductor primero debe dar la espalda a la multitud". Si usted no está dispuesto a ser diferente y dar la espalda a los que usted está conduciendo, entonces usted necesita saber que hay una Dalila asignado a usted para que usted sea como todos los demás. La mayoría de los líderes creen que quieren ser normales hasta que tengan su encuentro con ella y dejan su regazo pareciendose como los demás. Entonces es demasiado tarde. Pero no tiene que ser. Si pudiéramos entender lo que nos impulsa al regazo de Dalila, entonces podemos evitarla por completo.

Atado

Jueces 16:6 6 Y Dalila dijo a Sansón: Yo te ruego que me declares en qué consiste tu gran fuerza, y cómo podrás ser atado para ser dominado. 7 Y le respondió Sansón: Si me ataren con siete mimbres verdes que aún no estén enjutos, entonces me debilitaré y seré como cualquiera de los hombres. 8 Y los príncipes de los filisteos le trajeron siete mimbres verdes que aún no estaban enjutos, y ella le ató con ellos. 9 Y ella tenía hombres en acecho en el aposento. Entonces ella le dijo: !!Sansón, los filisteos contra ti! Y él rompió los mimbres, como se rompe una cuerda de estopa cuando toca el fuego; y no se supo el secreto de su fuerza. 10 Entonces Dalila dijo a Sansón: He aquí tú me has engañado, y me has dicho mentiras; descúbreme, pues, ahora, te ruego, cómo podrás ser atado. 11 Y él le dijo: Si me ataren fuertemente con cuerdas nuevas que no se hayan usado, yo me debilitaré, y seré como cualquiera de los hombres. 12 Y Dalila tomó cuerdas nuevas, y le ató con ellas, y le dijo: !!Sansón, los filisteos sobre ti! Y los espías estaban en el aposento. Mas él las rompió de sus brazos como un hilo. 13 Y Dalila dijo a Sansón: Hasta ahora me engañas, y tratas conmigo con mentiras. Descúbreme, pues, ahora, cómo podrás ser atado. El entonces le dijo: Si tejieres siete guedejas de mi cabeza con la tela y las asegurares con la estaca.

Los líderes deben identificar los dilemas en que se ponen a sí mismos en reconocer sus fetiches ocultos. En la escritura anterior, descubrimos el vicio de Sansón: él era un hombre placentero. En primer lugar, le dice a Dalila que lo atarda con una cuerda, y luego le hace tejer las siete trenzas de su cabello en una tela de araña, cada incidente que parece ser más dolorosa que la anterior. Este vicio le hizo renunciar a su destino; y del mismo modo, son las "cosas extrañas" en nuestras vidas que nos hacen lo mismo.

Muchos líderes son tan estructurado y disciplinado en muchas áreas de sus vidas, se dejan ser imprudente e indisciplinado en algunos. En esta circunstancia, Dalila representa la capacidad de descubrir las áreas salvajes que esperan destruir a nuestros líderes. El fetiche de Sansón lo llevó por un camino que lo mantuvo íntimamente conectado a alguien que trató de destruirlo. Ningún líder debe de confiar en alguien fuera de su pacto.

Cuando las conversaciones se desplazan a las cosas que satisfacen nuestra carne y no fortalecen nuestro propósito, entonces estamos en una relación traicionero. Dalila es extremadamente peligroso porque expone nuestra curva hacia lo carnal. Ella explota la parte carnal de nosotros y nos impide alcanzar nuestro potencial sobrenatural. A través de Dalila, las partes depravados y viles de nuestro personaje se exponen, y las cuestiones que afectan a mi carácter, erosionan mi ética y valores centrales desplazadas se revelan.

Molesto hasta la muerte

El versículo 16 es la clave de todo el escenario; que haría todo líder bien para entender este pasaje.

Jueces 16 16 Y aconteció que, presionándole ella cada día con sus palabras e importunándole, su alma fue reducida a mortal angustia.

Ella lo persiguió y le provocó al punto donde murió antes de que reposo en su regazo. Fue la desilusiòn de Dalila que impulsó a Sansón a un momento de descubrimiento: el no podía confiar en nadie. Creo que fue en este punto, concluyó que nadie valia la pena y el sufrimiento que estaba padeciendo; y en un instante de abandono, Sansón cometió "suicidio". Intencionalmente aprovechó la oportunidad que Dalila le entregó a divorciarse a sí mismo de la cosa lo que le causó la mayor dificultad.

Estoy seguro de que fue con gran dolor y una gran angustia que decidió sabotear su éxito. Sansón hizo lo que hemos hablado antes: se involucró en el suicidio por la mano de Dalila. Al igual que la persona que está delante de la policía y les da la oportunidad de tomar su vida, Sansón se puso delante de Dalila y le permitió apretar el gatillo. Estoy convencido de que no podía entender o incluso envolver su mente alrededor del concepto de la eliminación de su cabello por su propia mano - pocos líderes están dispuestos a cortar su propio cabello. Entonces Sansón le permitió a Dalila que le cortara el pelo.

La mayoría de los líderes fallan porque están cansados de estar de pie. Están tan doblados por el peso y la carga de su vocación que buscan una salida. No pueden dimitir asi que se meten en una posiciòn para tener la vocación eliminado. La mayoría de los líderes no han encontrado una manera major para dejar de ser quienes son, por lo que inconscientemente se sabotean a sí mismos y dejan que otra persona les corte el pelo.

Sansón estaba tan decepcionado, la Biblia registra que estaba literalmente reducida por angustia en su alma. Estaba tan herido en la parte más profunda de su ser; creía que su único recurso era contale ar Dalila su secreto. Sansón le dijo todo, volvio a donde todo comenzó en el vientre de su madre; y cuando se le divulga a Dalila, ella empieza a desinvertirte de su destino.

Muchos líderes de la lectura de este libro son personas que han sufrido un largo tiempo. Ellos eran grandes antes de que llegaran a su asignación, pero tenían que navegar por el paisaje de la vida por un largo tiempo y muchos de ellos han experimentado más a una edad más temprana que la mayoría de nosotros en todas nuestras edades. La mayoría de los líderes han hecho un montón de vivir en un corto período de tiempo; y la verdad es que muchos de ellos están cansados. Nunca subestimes el poder de simplemente estar cansado. Estar cansado trajo los fetiches de Sansón a la vanguardia, lo que le hace perder todo su futuro. Estar cansado le hizo recostar su cabeza en el regazo de Dalila y le permitió cortar la cosa más importante para su existencia.

La mayoría de los líderes quieren tener un momento de India Arie: "Yo no soy mi pelo". Pero lo eres. Por mucho que usted quiere cortar su pelo largo, recuerda, como el cabello va usted también. Así que no dejes que el cansancio te lleve a un lugar donde sabotea su propio éxito. No te pongas tan empantanado y agobiado por las personas que están fuera del pacto que te causan querer matar a lo que estás llamado a hacer.

Suicidio

El versículo 19 es el lugar donde muchos de los que leen este libro están viviendo.

> *Jueces 16:19 Y ella hizo que él se durmiese sobre sus rodillas; y llamo a un hombre, quien le rapó las siete guedejas de su cabeza; y ella comenzó a afligirlo, pues su fuerza se apartó de él.*

Después que Dalila le afeitó las cerraduras de Sansón, los filisteos lo colocó en grilletes y le sacaron los ojos. En lugar de escapar de su esclavitud, Sansón se encontró inmerso en ella. Ahora era normal, pero ciego. Él era normal, pero obligado por grilletes; común, pero en prisión. Como Sansón, usted está en el lugar en el que su deseo es poner su cabeza en el regazo de la persona que le puede aliviar de su carga. Cierras los ojos y te vas a dormir, y Dalila empieza a afeitarte la cabeza. Ahora se ve normal, pero se despierta para descubrir que tienen un problema mayor.

Ausente de su cabello, muchos visionarios terminan en la misma posición: ciego, atado y viviendo en una prisión. Mientras usted tenía su pelo, usted podría ir más allá de lo interno, pero ahora que son normales su interior se ha convertido en su realidad externa. Muchos líderes pierden su reinado sólo para terminar en una realidad que da evidencia de demonios que han existido durante su mandato. Es por esto que lo mejor es mantener su pelo y ser diferente. Desde el vientre de su madre fueron apartados, así que para que no seas diferente significa que no hay necesidad para que usted existe.

Sansón pasó de comprometer su regalo a suicidarse, por última instancia, vengandose de sus captores en la muerte (Jueces 16: 21-30), pero puedo presentarle que no tenía que morir. El versículo 22 nos dice que "el cabello de su cabeza comenzó a crecer, después que fue rapado", porque Sansón fue cegado a su futuro, optó por poner fin a su vida. Es lamentable que Sansón no recibió la gracia de su cabello creciendo de nuevo. Estaba disponible para él, pero él no lo aceptó. Cada líder que ha perdido su identidad y ha tenído el pelo afeitado; a pesar de la ceguera, los grillos y la prisión, pueden vivir de nuevo. Hay momentos en que parece más fácil acabar con todo y sacar a su enemigo con su muerte, pero ¿quien quedarìa para defender y proteger a aquellos a los que han sido llamados a servir?

Vuelva a Crecer Su Pelo

No se retire porque estas ciego. La gracia de Dios ha permitido que su pelo crezca de nuevo durante su captura. La prisión es una oportunidad para reflexionar sobre la promesa en lugar del castigo. Es la oportunidad de ser bloqueado por lo que sus cerraduras pueden volver a crecer. Todo líder necesita distancia entre su destino y el daño hecho para que puedan volver a ser lo que han sido. Con todo lo que ha sufrido desde su momento de la pèrdida, debe descubrir la manera de levantarse y avanzar en el don que Dios le ha dado. No hacer un buen acto y sustituirlo por vivir su destino dado por Dios. Dios nunca dijo que no habría consecuencias por sus acciones, pero prometìo que iba a estar con ustedes todo el camino hasta el final.

Recuerde que era su pelo quien lo hizo lo que fue, no sus ojos. Cada líder camina por fe, no por vista. Mientras que tiene el cabello, usted será capaz de ver, porque usted estarà viendo a través de los ojos de Dios; y en el tiempo que su pelo crece, puede hacerlo de nuevo. Este no es el final! No esta paralizado por el dolor de su pasado. Entienda que más allá de su problema, Dios todavía tiene un plan. No ponga su mano a los postes como lo hizo Sansón; ponlo de nuevo en el arado.

Mientras que su pelo crece de nuevo, coloque sus manos hacia atrás en lo que Dios le ha llamado para manejar. Él no está renunciandolo a causa de sus debilidades. Él entiende los fracasos de la carne. El los toma en cuenta antes de empezar, y sabía que habría veces que desearía deshacerte de ese poder que fue invirtido en usted. Dios no se deja intimidar por su tentación de quitarse el pelo. Él no está buscando a llevarlo afuera, por lo que tiene que mantenerse en el juego de la vida. Todo líder en algún momento quiere terminar con lo que los hace diferentes. Es en estos momentos de la humanidad frágil que tenemos que descubrir el poder de un Dios que nunca se da por vencido en el propósito que ha puesto en nosotros. Si Sansón había vuelto a descubrir la belleza de ser diferente, él nunca habría tomado la decisión que hizo; nunca habría elegido a morir con su enemigo.

Se puede morir ya sea en una arena o puede redescubrir su propósito por ser diferentes y defender su nación. ¿Cuál va a elegir? Dios ha escogido para permitir que su pelo crezca de nuevo. Cuando dejamos de luchar contra los planes de Dios y comenzamos a abrazar a su voluntad, entonces vamos a dejar de permitir que nuestra resistencia nos lleve a nuestra muerte. Es mejor querer la voluntad y el propósito de Dios para su vida que desear tener la aceptación de las personas que tomarán su vida.

En el versículo 30, leemos las últimas palabras de Sansón: "Muera yo con los filisteos". Su regalo fue dado para derrotar a los filisteos, no morir con ellos. Cuando el idioma del líder cambia a una declaración de derrota, es una indicación de que la muerte pronto seguirá. No te mueras entre lo que habéis sido llamados a derrotar. No te mueras mirando como el enemigo. Usted fue creado para ser diferente. Querer ser como todo el mundo es el deseo más autodestructivo que podría tener. Dios quiere que todos sepan que no eres como ellos. Él lo califica singularmente y lo identifica. Usted puede caminar entre la gente, pero al final del día, todavía se destaca.

PARTE III: ELÍAS Y ELISEO

Conducta Aprendida

Más allá de la subida del común y el deseo de ser normal, tenemos que abordar la relación entre el mentor y el aprendiz. Debemos entender lo que sucede cuando los líderes fallan y transmiten su fracaso. Gran parte de la disfunción que los líderes se ocupan con es la conducta que se aprende, que se refleja en el modelo de mentor y el aprendiz a través del patrón establecido de Elías y Eliseo.

Debido a que es extremadamente difícil para nosotros recibir las insuficiencias del cumplido, muchas de las respuestas que recibo cuando hablo de las fallas en el paradigma son las cejas levantadas y expresiones confundidas. Queremos ver el genio en un individuo o la depravación, pero no ambos. Es problemático para nosotros reconciliarnos con nosotros mismos que un individuo puede ser a la vez grande y viciado al mismo tiempo.

Pero esto es contrario a lo que la Biblia nos enseña. Este libro fue escrito tanto para la amonestación y la admiración, nos muestra la fortaleza de sus iconos, así como sus debilidades. Es asombroso cómo un libro tan equilibrada aporta puntos de vista acerca de un solo lado; y cuando no somos capaces de ver la totalidad de lo que desea el texto para enseñarnos, a continuación, no somos capaces de recoger todo lo que tiene para nosotros.

Es por esto que es tan importante para nosotros no romantizar las duras realidades que imperan en la vida de los líderes emblemáticos. Elías es un buen ejemplo: sólo vemos sus hazañas y sus logros, pero tenemos miedo de ver sus debilidades y sus insuficiencias, como si fueran a socavar la grandeza de sus victorias. Un pensamiento de conducción incluso en la sociedad de hoy en día, es casi inconcebible que un individuo puede ser un líder profunda y un marido inadecuado; un mago de las finanzas, pero un pobre padre; un consumado director general de una empresa de Fortune 500, pero no puede mantener a flote a su familia. Tan difícil como es de imaginar, puede estar muy logrado en un área y ser un fracaso total en otro.

Por desgracia, muchos líderes son inmediatamente descartadas e inhabilitado debido a su imperfección. Es el escenario proverbial "tirar al bebé con el agua del baño". Sin embargo, como ya hemos visto con David y Sansón, se puede aprender mucho de los errores de un líder. En el caso de Elías, no tenemos que deshacer los milagros que realizó sólo porque nos encontramos con que era defectuosa, pero podemos aceptar que alguien tan ungido como Elías puede ser a la vez perfecta en el propósito y perfectamente imperfecto, al mismo tiempo.

Elías pudo haber sido un profeta de primera pero era un pobre padre / tutor en la fe. Esta declaración es chocante para muchos porque hemos anunciado mucho su relación con Eliseo como el máximo ejemplo de lo que debe ser una relación padre/hijo. Muchas de nuestras enseñanzas sobre mentores y modelos vienen del ejemplo de Elías y Eliseo. A menudo celebramos y saludamos la pregunta lugares Elías antes Eliseo, "¿qué puedo hacer por ti, antes que yo sea quitado de ti?", El levantamiento de la respuesta de Eliseo de "déjame que una doble porción de tu espíritu" (2 Reyes 2:9) a la fuerte subida alturas antes de conducir hacia el atardecer, creyendo que este es un momento en seña de identidad. Sin embargo, si se traza el texto del mando original dada por Dios a Elías en la montaña, en 1 Reyes capítulo 19, llegamos a una conclusión diferente sobre la relación de estos dos hombres compartida.

Una Pregunta Simple

1 Reyes 19:9 9 Y allí se metió en una cueva, donde pasó la noche. Y vino a él palabra de Jehová, el cual le dijo: ¿Qué haces aquí, Elías? 10 El respondió: He sentido un vivo celo por Jehová Dios de los ejércitos; porque los hijos de Israel han dejado tu pacto, han derribado tus altares, y han matado a espada a tus profetas; y sólo yo he quedado, y me buscan para quitarme la vida.

La Escritura se abre con un Elías acobardado y suicida escondiéndose de la malvada reina Jezabel en una Cueva húmeda y oscura. Esto no es una descripción apropiada o narrativa para un hombre que trabajaba maravillas, era sobrenatural, y un icono, casi sobrehumana como Elías. Pero el texto hace todo lo posible para ayudarnos a entender el lugar paralizado en que este poderoso líder se encontró.

Habiendo aprendido de las amenazas de muerte hacia él, Elías huyó. Llegó al pie de la montaña, donde se le hizo una pregunta: "¿Qué haces aquí, Elías?" Esta es una de las preguntas más profundas y problemáticas que plantea a cualquier líder prolífica en la búsqueda de cosas contrarias a su propósito. Su respuesta es una de un típico lìder absorto en si mismo, autoconsciente y egocéntrico: "He sido..." En lugar de reconocer su situación actual y admitir que había perdido de vista su objetivo, optó por responder de la perspectiva del derecho y recordarle a Dios de sus logros pasados. Cuando confundimos nuestra "por qué de" con nuestro "lo que es", no somos capaces de llegar a la conclusión que nos vuelve a alinear de nuevo con nuestro propósito.

Dios le dio a Elías la oportunidad de pedir ayuda para salir de la cueva en que se encontró. Si usted no sabe cómo terminò adonde se encuentra, necesita instrucciones para volver de donde vienes. La mayoría de los líderes emblemáticos de esta posición no saben cómo acabaron donde están, pero en vez de pedir consejo, responden con la lectura de sus hojas de vida y ensayando sus logros. Lo que has hecho no puede sacarte de la cueva en que estás. Si eres honesto contigo mismo, esos logros son la misma cosa que te llevó a donde estás. Cuando usted no entiende que su mayor fuerza es también su mayor fortaleza, usted se encontrará como Elías, acurrucado en una cueva sin poderncontestar una simple pregunta. Cuando estamos tan "logrado", las preguntas más simples se vuelven imposible de responder.

En Medio del Caos

Dios trae a Elìas fuera de la cueva a la montaña y...

I Reyes 19:11... Y él le dijo: Sal fuera, y ponte en el monte delante de Jehová. Y he aquí Jehová que pasaba, y un grande y poderoso viento que rompía los montes, y quebraba las peñas delante de Jehová: mas Jehová no estaba en el viento. Y tras el viento un terremoto: mas Jehová no estaba en el terremoto. 2 Y tras el terremoto un fuego: mas Jehová no estaba en el fuego. Y tras el fuego un silvo apacible y delicado.

¿Podría ser que las cosas en que creemos que Dios està, tal vez no està? A veces, la tierra tiembla, los incendios están ardiendo y el viento está soplando, pero Dios no está en nada de eso. Nos encontramos a Dios cuando estamos en medio del caos y elegimos correr hacia él. Ponemos nuestra fe en él y no en nuestros miedos. En un momento caótico, cuando Elías se consume con temor y encogido en una cueva, descubre donde su fe està en realidad. ¿Qué ha estado haciendo usted que tiene la apariencia de Dios, que está haciendo mucho ruido, està creando una gran cantidad de humo y respirando lo que parece ser el aliento de Dios, pero no es Dios?

Cuando Elías finalmente oyò a Dios, cubrió su rostro con su manto, y salió, y aún en la entrada de la cueva (I Reyes 19:13). Muchos líderes, como Elías, se esconden detrás de lo que han estado avanzando cuando se enfrentan con sus fragilidades. Se envuelven en sus mantos, su vocación, su unción...la misma cosa con la cual se identifican. Es algo muy poderoso, pero no le protegerá de la pregunta que Dios ha planteado a usted, "¿Por qué estás aquí?"

Elías intentó ocultar y nosotros también. La propensión de las grandes personas es cubrir y ocultar en lugar de exponer y ser sanados. Pero Dios sigue preguntando. En la entrada de la cueva, Dios le planteó la pregunta de nuevo a Elías: "¿Qué haces aquí Elías?" Elías vuelve a su respuesta original, lo que nos lleva a una de las realidades más alarmantes: que fallamos en ver o no queremos admitir la verdad sobre el profeta Elías patriarcal - no estaba dispuesto a dejar atrás su éxito anterior, impidiéndole descubrir su situación actual.

Sustituido

Cuando Elías no ofreció la respuesta adecuada, Dios respondió por él:

> *1 Reyes19:15 15 Y le dijo Jehová: Ve, vuélvete por tu camino, por el desierto de Damasco; y llegarás, y ungirás a Hazael por rey de Siria. 16 A Jehú hijo de Nimsi ungirás por rey sobre Israel; y a Eliseo hijo de Safat, de Abel-mehola, ungirás para que sea profeta en tu lugar. 17 Y el que escapare de la espada de Hazael, Jehú lo matará; y el que escapare de la espada de Jehú, Eliseo lo matará. 18 Y yo haré que queden en Israel siete mil, cuyas rodillas no se doblaron ante Baal, y cuyas bocas no lo besaron.*

¿Lo entendiste? Dios le dijo a Elías: "Unge a Eliseo para que sea profeta en tu habitación, tu lugar, en vez de ti." Elías estaba siendo trasladado fuera de posición para que Eliseo pudiera tomar su lugar. Estaba siendo reemplazado. Me gusta decirlo asì, y muchas personas tienen problema con el, pero sufra con mi locura cuando le someto que Elías fue despedido en la montaña por Dios. Puede idealizarlo, puede decir que éste era una profecía futura, decir que fue el reconocimiento de Dios en lo que Eliseo se convertiría; sin embargo, el texto es claro: Dios estaba hablando en tiempo presente, que describe una realidad presente. Podemos ser un poco más misericordioso y declarar que Elías fue jubilado en la montaña; de cualquier manera, el manto estaba siendo transmitida a Eliseo ese día.

Así que Elías bajó de la montaña y encontró a Eliseo como Dios predijo; pero en lugar de ungir y transmitir el manto como se indica, Elías lo arrojó (1 Reyes 19:19). El idioma original establece que arrojó violentamente su manto sobre Eliseo. Frustrado consigo mismo acerca de los resultados anteriores, Elías lo tomò contra su aprendiz que no tenía nada que ver con el momento en la montaña.

La primera interacción entre Elías y Eliseo refleja la frustración de un padre/tutor para su hijo. Reflejada en la acción es una agresión que habla más bien al arrepentimiento que Elías sentía por su situación y su misión para preparar su pupilo para su futuro asignación. Tantos hijos/aprendices son hechos a realizar para la afirmación del padre aunque Dios ha dado instrucciones al padre para afirmar el hijo. Cuando Dios nos instruye a ungir al próximo tenemos que abrazar la belleza de poder guiar nuestro sucesor, no despreciarlo.

Su sucesor ha sido reconocido por Dios y será ungido por usted para continuar el trabajo que tu fe no está en un nivel de producir. Es mejor tomar el tiempo para prepararlos para manejar correctamente el manto que dejarlos que lo averiguen por su propia cuenta. Muchos protegidos tienen que perder el tiempo persiguiendo a las personas que podrían perfeccionar, y posteriormente terminan con muchas de las mismas frustraciones y fracasos que sus padres. Esta es la razón que mantos son para ser colocado no para dejar caer. Si Elías viera seguido las instrucciones dadas en la montaña, el manto nunca habría sido sometido a caer sobre Eliseo y nunca habría sido objeto de fracaso.

Engendrado Desde Una Distancia

Muchos líderes caen porque su manto cayó sobre ellos. Si su padre / mentor lo hubiera preparado para el manto y lo hubiera puesto sobre usted, usted nunca habrìa tenido que gastar tiempo en averiguar cómo encajarse. Tutoría y paternidad es íntima e interactiva; no se puede hacer desde una distancia. Un líder no puede ser engendrado desde la distancia.

Tenemos que hacer un mejor trabajo en la unción y el nombramiento en lugar de abusar y confundir a los que estamos llamados a equipar. En su lugar, se hacen demasiados hijos / pupilos son hechos a realizar por lo que sus padres saben que Dios les concedió. ¿Está haciendo que su sucesor lo persigue? ¿Está usted manejandolo de de su frustración? ¿O les prepara en base a su tarea?

Es peligroso cuando el padre sabe lo que Dios ha llamado el hijo para hacer, y le piden al hijo lo que quieren en lugar de informarles lo que se ha hecho. Podríamos evitar muchos valles si nuestros padres simplemente tuvieran una conversación con nosotros sobre lo que Dios les dijo en la cima de la montaña de su vida.

Eliseo, en muchos sentidos, es una acusación de la fragilidad de Elías. Manejó su sucesor fuera de la debilidad de sus fracasos e hizo Eliseo el heredero de su muerte. Él dejó su legado a la casualidad cuando él optó por no afirmar Eliseo. Arriesgue su dinero y su negocio, pero nunca su legado. Su sucesor no es su competencia. Ellos son los que van a construir sobre la base de su fundaciòn. Su éxito será la continuación de su legado; del mismo modo, su fracaso será la conclusión de su legado.

Mientras que estuvo en la tierra, Jesús tuvo que ser afirmado por Dios en el cielo. Tomó la afirmación del padre para activar la unción del hijo y la confirmación del Espíritu Santo para traer las maravillas de un Salvador soberano. Si Jesús necesitaba afirmación, ¿no deberìamos nosotros tambièn?

Como Padre Asi El Hijo

Si usted ha dicho últimamente, "Lo hice, pueden hacerlo también", tiene una grave mala interpretación de lo que significa guiar a alguien. Los peligros de ser padre de su sucesor a distancia incluye tenerlos a ellos administrar mal su don y repitiendo sus errores.

2 Reyes 2:23 Después subió de allí a Bet-el; y subiendo por el camino, salieron unos muchachos de la ciudad, y se burlaban de él, diciendo: !!Calvo, sube! !!calvo, sube! 24 Y mirando él atrás, los vio, y los maldijo en el nombre de Jehová. Y salieron dos osos del monte, y despedazaron de ellos a cuarenta y dos muchachos.

El manto es para lo milagroso, no el inmaduro. Sin embargo, leemos que Eliseo utilizó la unción de matar a algunos chicos que se burlaban de su cabeza calva. Él echó a perder su segundo milagro porque él estaba manifestando las frustraciones que Elías llevaba.

Como líderes podemos llegar a conclusiones diferentes si tenemos mentores que están dispuestos a enseñarnos cómo procesar adecuadamente nuestro regalo. Celebramos los milagros dobles que Eliseo realizó pero tal vez hubiera hecho más si Elías había tomado el tiempo para entrenarlo y enseñarle cómo manejarlos adecuadamente. Limitamos las posibilidades de lo que la gente puede hacer por no enseñarles el mantenimiento adecuado, la mentalidad y la gestión del manto.

Nosotros casualmente observemos que el éxito es tener un sucesor, y esto es cierto. Pero, ¿cuánta inversión hemos hecho en la persona que va a perpetuar nuestro propósito? He visto a tanta grandeza ir al suelo y terminar porque el individuo no sabía cómo llegar a ser eterno.

Así que tal vez Dios le hizo a Elías un favor cuando reconoció, "largo camino te resta" (1 Reyes 19:7). No importa lo grande que somos, a veces el viaje es mayor. Toma asociaciones divinas y personas para perpetuar la grandeza. Algunos de nosotros, sin embargo, han llegado al extremo de nuestra grandeza. Hablamos de lo que hemos hecho y lo que hemos sido, a la vez que Dios está tratando de darnos un "Eliseo" para que podamos vivir más allá de nuestros logros pasados.

La Imitación Es La Forma Más Alta De Adulación

Le haría bien al padre / mentor entender que el hijo no le quito el manto, el simplemente quiere hacer lo que ha visto a su padre/mentor hacer. Las Escrituras nos muestran la interacción tensa entre Elías y Eliseo: "¿qué te he hecho yo? (1 Reyes 19:20)", Elías pide una y otra vez, dejando a Eliseo para justificarse a sí mismo una y otra vez. Debe haber alguna apariencia de satisfacción en saber que hay personas que quieren lo que usted tiene. A veces- no todo el tiempo, pero a veces - la ambición es simplemente un reconocimiento del deseo del aprendiz a ser como su mentor, el hijo/pupilo no está tratando de superar al padre/mentor, sino esta simplemente tratando de ser tan grande como ellos. Grandeza tiene una manera de agitar la grandeza en los demás y la evocación de la idea de que si la excelencia es antes de mí en el personaje de este individuo, entonces, ciertamente, la excelencia puede ser en mí.

El nivel de comodidad del padre/mentor en esta situación depende de sus actuaciones pasadas: si su luz tenue está creciendo, al igual que Elías fue, entonces se dejará intimidar por las luces brillantes de sus hijos/pupilos. Con este fin, no deje que su luz se apague en la cueva.

PARTE IV: NOÉ

Epitafio

Pasamos de Elías y Eliseo a Noé, que alcanzó el nivel de fama y renombre que la mayoría de los líderes sólo puede esperar - sólo para dejar un epitafio aleccionador que expuso su fracaso como líder:

Génesis 9:28 28 Y vivió Noé después del diluvio trescientos cincuenta años. 29 Y fueron todos los días de Noé novecientos cincuenta años; y murió.

Comencemos nuestra disección del liderazgo de Noé examinando esta declaración: Vivió trescientos cincuenta años después de la inundación. Esta fue una fracción de su madurez, sino por todos los siglos de su existencia, se nos dice que no hizo nada notable después de la inundación. Él plantó una viña, se emborrachó y experimentó un momento inadecuado en su tienda; más allá de eso, la suma total de su existencia y su experiencia se resume en esta frase, sin nada más que añadir sobre sus hazañas anteriores a su muerte. Vamos a hablar más sobre lo que pasó en la tienda, pero primero vamos a descubrir lo que no ocurrió después de la tienda de campaña: que él no construyó nada; colecto nada; o creciò nada. Simplemente existío; luego murió. Es un triste estado de la existencia cuando el hombre al que la Biblia cuenta acerca de todo lo que hizo para redimir a la humanidad y de rescate de la extinción no dejar un legado. Su vida terminó abruptamente, incluso antes de que él dejó de respirar, dejando en su lugar un epitafio que resumió su existencia por la cantidad de años que vivió.

Muchos líderes son conocidos por la única cosa que hicieron y las otras cosas que no lo hacen. Noé construyó el arca que salvó a la humanidad, pero sólo era conocido por eso. No hubo hechos notables que siguieron; no hubo discursos conmovedores o grandes ejemplos de los dones que está representada. ¿Será el final de su testimonio? ¿La gente se olvida después de su fracaso? ¿Sera su legado definido por cuánto tiempo usted vivió después de su momento más grande en lugar de la grandeza aún en vosotros? A menudo no se dan cuenta que por todo lo que Dios ha planeado para nuestras vidas, para cada decisión que el destino ha hecho para nosotros, seguimos siendo los que vamos a decidir si nos movemos hacia adelante o si morimos. Como Sansón, elegimos si vamos a cometer suicidio espiritual o si vamos a levantarnos de nuestros fracasos y avanzar más allá de ellos. Después de todo, el fracaso no es fatal, pero si no seguimos viviendo, entonces será permanente

La Inundaciòn

Como líderes, comenzamos nuestro asentimiento al ser asignado a hacer lo imposible. Noé fue llamado por Dios para construir un barco que albergaría dos de cada especie de animales, porque estaba a punto de inundar la tierra. Le tomaría muchos años para completar esta tarea y tendría que soportar las burlas de la gente, pero al final, Noé, su familia y sus cargos serían salvos (Génesis 6:13-8). En esto, la función de Noé era doble: hacer algo que nunca se había hecho y decir algo que nunca se había oído. Liderazgo a veces te hace ver y sonar loco. Porque usted esta al tanto de los planes que otras personas no son, esto pone un distanciamiento entre usted y ellos, y le hará preguntarse si usted está loco o no. Es una cosa cuando otros cuestionan su cordura, y otra muy distinta cuando uno se empiezan a cuestionarlo. Pero esto es cuando se tiene que seguir adelante a través de la duda y los detractores. Al igual que Noé, cuando se forja en su asignación, usted comenzará a producir exactamente lo que Dios ha pedido de ustedes.

Pero tenga cuidado acerca de dejar tu carne crecer después de ella. Al final de su misión, Noah se convirtió en un "plantador de viña" en lugar de un "constructor de barcos": cayó presa en las inclinaciones de su carne. La misma mano que construyó el barco plantó la viña. La misma mente que recibió la estrategia de Dios para construir el barco era la misma que diseñó la viña. ¿Cómo puede uno ser divinamente ordenado y asignado, pero aún poseen la propensión a inclinarse hacia las cosas que debería haber muerto en el diluvio?

Detengámonos un momento y miremos el propósito de la inundación. Era para purgar y purificar la tierra de sus impurezas. Todo depravado fue diseñado para morir en el diluvio. Hay inundaciones en la vida de cada líder que Dios envía para ahogar nuestros defectos para que no se crean en nuestro futuro. Pero muchos líderes como Noè se han convertido competente con el contrabando de semillas: llevamos las semillas de nuestro pasado en nuestro futuro cuando deberían haber muerto en las aguas.

Noé debería haber inclinado hacia su don dominante recién descubierto de la construcción de barcos y el rescate de la humanidad y no en su experiencia pasada de los viñedos de plantación. Construcción de barcos es una tarea laboriosa que requiere que sigamos el plan de Dios, pero la plantación de un viñedo es simple y pecador, que nos permite hacer nuestros propios planes y destinos. Le pregunté cómo uno puede ser divinamente ordenados y asignados, pero aún poseer la propensión a inclinarse hacia las cosas que debería haber muerto en el diluvio. Génesis 7:23 dice: "23 Así fue destruido todo ser que vivía sobre la faz de la tierra.", que significa que si Noé no había pasado de contrabando las semillas en el barco que más tarde usa para plantar la viña, habría muerto en el inundación. ¿Qué has traído en su barco?

Impedir Su Legado

Lo que continuas a cargar te causará a persistir en *Génesis 9:29: 29 Y fueron todos los días de Noé novecientos y cincuenta años; y murió.* Usted lograr lo que nadie más tiene más que hacer lo que todo el mundo tiene que hacer...mueres. No sé acerca de ustedes, pero yo no quiero redimir a la humanidad y salvar a los animales sólo para terminar con el mismo legado como aquellos que hicieron nada.

Pero, ¿qué hay de malo en el contrabando de semillas, te preguntarás? ¿Cómo se impide el progreso de mi legado? *Génesis 9:20 nos dice: 20 Y comenzó Noé á labrar la tierra, y plantó una viña: Las palabras clave aquí son: Noé y comenzò* ...Al parecer después de su éxito más grande que uno quiere seguir construyendo sobre lo que ha hecho, pero el lugar problemático para la mayoría de los líderes se produce después de su mayor éxito cuando miran para convertirse en algo aparte de lo que han sido. El éxito aparentemente engendra éxito, pero para algunos es un conjunto para un gran fracaso. Descubra donde radica su éxito y continua en ella en lugar de alimentar a su deseo de producir otra cosa.

Aislado, Intoxicado Y No Cubierta

Quédate con la idea que Dios tiene para usted. Lo que el te puede salvar a la humanidad, pero la idea que usted se da lo tendrá borracho y desnudo en una tienda de campaña.

> *Genesis 9:20 Y comenzó Noé á labrar la tierra, y plantó una viña: 21 Y bebió del vino, y se embriagó, y estaba descubierto en medio de su tienda. 22 Y Châm, padre de Canaán, vió la desnudez de su padre, y díjolo á sus dos hermanos á la parte de afuera. 23 Entonces Sem y Japhet tomaron la ropa, y la pusieron sobre sus propios hombros, y andando hacia atrás, cubrieron la desnudez de su padre teniendo vueltos sus rostros, y así no vieron la desnudez de su padre. 24 Y despertó Noé de su vino, y supo lo que había hecho con él su hijo el más joven;*

Muchos líderes terminan aislados de los que guardan, intoxicado en el elixir del éxito y descubierto en su tienda de campaña. Celebrando su éxito no es un problema; El problema de ser intoxicado llega cuando hay gente dispuesta a aprovecharse de usted, porque usted no está en su sano juicio. Sobriedad para un líder es el éxito. Tu mente correcto y sobrio es su Dios. Su estado de embriaguez solamente solicita el ataque de los hijos que son pervertidos; y de Noé, la perversión del hijo junto con las tendencias del padre produjo un fracaso épico.

Lo que uno planta siempre va a ponerlo en una situación comprometida. La Biblia no entra en los detalles ilícitas de lo que tuvo lugar en la tienda de Noé pero podemos deducir de su respuesta de que algo horrible sucedió en ese momento de compromiso. Las debilidades del padre fueron explotadas por los deseos desviados de un hijo depravado. No sólo tenemos que lidiar con las semillas de contrabando, pero también tenemos que lidiar con hijos que están llenos de pecado y sobrevivieron a la inundación. Cuando usted está en su momento más privado y vulnerable, debe permanecer alerta a las posibilidades de las personas perversas que le rodean. Sólo porque usted está solo y en su propio espacio, no significa que las personas indebidas no tienen acceso a ti.

Siempre viva en privado como si estás desnudo y expuesto al mundo. La desnudez es sólo un problema para los que están en la compañía de personas que buscan sacar provecho de su momento. Niegase a colocarse en una situación comprometida, para que cuando se despierte de su borrachera puesto que tenga que maldecir al que habéis sido llamados a amar.

Muera Bien

Es increíble cómo una noche en una tienda de campaña puede eclipsar a la brillantez de su desempeño anterior. Los críticos que leen esto pueden argumentar: "Bueno, no pueden escribir todo acerca de Noé." Va ser la forma en que le recuerden desde ese punto. ¿Cuál será la última cuenta de su vida? A menudo le digo a la gente que vivo justo para morir bien. Quiero que mis últimos recuerdos sean duraderos. ¡Donde tú mueres importa! Lo que la gente oye hablar de ustedes, ¡importa! Recuerde que su próximo acto podría ser el último. Así que déjame preguntarle: ¿dónde vas a morir? ¿Qué vas a hacer cuando se muere? ¿Y quién se quedará para explicarlo?

Estos, por supuesto, no son problemas con Noé, pero me pregunto, ¿y si él había muerto en su tienda de campaña borracho y desnudo? El ultimo exploto de cada líder puede ser disminuida por lo pròximo que exploran. Como pastor, yo viajo mucho, y sabiendo que podría morir en medio de cualquier acto que me puede implicar me ayuda a mantener mi integridad. Mi familia se quedaría para descubrir lo que hice, para defenderlo sólo para ser destruido por el. Ellos no sólo tendrían que enterrarme pero también tendrían que desnudar la vergüenza que les deje. Tenemos la oportunidad de dejar un legado: ¿será una bendición o una maldición? ¿Qué vas a dejar?

Note que no le pregunté lo que hiciste; la pregunta es, ¿qué vas a dejar? Personalmente, mi esperanza es que cuando un libro sobre mi vida este escrito, tendrán que seguir añadiendo más capítulos para adaptarse a todas mis obras en lugar de llegar a una conclusión brusca porque yo no hice nada más allá de la gran cosa por la cual me conocian. No me gustaría salvar al mundo y perderme.

CONCLUSIÓN

La Respuesta Correcta

Como dije al principio, las preguntas correctas nos llevan a las respuestas correctas y las respuestas correctas nos llevan a la verdad...una verdad que a menudo se pasa por alto: el fracaso es parte del éxito; y hasta que aprendamos a manejar el fracaso, no vamos a encontrar la verdadera victoria.

Responde a estas preguntas:

- ¿Quién está en su círculo de la rendición de cuentas?
- ¿Cómo logramos lo que nunca hemos hecho antes?
- ¿Cuál reinara en usted cuando usted tiene que elegir entre su divinidad y su humanidad?
- ¿Cómo se enfrenta la persona de éxito a las áreas en que no tiene éxito?
- ¿Cómo me descubro a mí mismo cuando siempre he vivido por los demás?
- ¿Qué se necesita para cambiar el fin de fomentar un reinado exitoso como líder?
- ¿Cuánta inversión hemos hecho en la persona que va a perpetuar nuestro propósito?

Un líder exitoso es capaz de dejar al lado sus orígenes comunes y actuar regio. Él es capaz de aceptar que él es diferente de la multitud y evitar aquellos que buscan estar cerca de él sólo para descubrir los secretos de su éxito. Él puede aceptar cuando es el momento de pasar el manto de su unción a su sucesor, y construye un legado que vivirá más allá de él. El fracas puede venir, pero está preparado para ello, porque él tiene sus ojos en la meta final.

¿Cómo puede un líder llegar aquí cuando está en desgracia, despreciado, ridiculizado y dejado a poner su vida junto de nuevo - una vida que, para todos los efectos, en el exterior parecía estar encantado? ¿Una vida en la que uno escucha lo peor del comportamiento humano; mantiene la integridad de la consejería que se ha rendido; sin embargo, en el tiempo del fracaso el lìder es despreciado por las mismas personas que iluminó en relación con la gracia y la misericordia de un Dios de amor y perdón? Las trampas de una vida perfecta percibida son, a veces, la falacia de la vida pública en el liderazgo y el liderazgo en especial ministerial. Títulos, posiciones, la fama, la notoriedad, la riqueza - ninguno de estos son una cura para un espíritu diezmado.

En el liderazgo, el corazón de un líder tiende a centrarse en las necesidades de todos los demás, no sólo en detrimento a él (o ella), sino a las personas más cercanas a ellos - la familia, amigos y seres queridos. La làstima y la vergüenza de las luchas privadas reveladas de una manera muy pública, en gran medida, pueden ser inconmensurables cuando hay una creencia pública en la supuesta 'vida perfecta. Las consecuencias inmediatas de los acontecimientos que rodean una "excursión" público son casi surrealista, como si estás viendo la cobertura de una persona que apenas conoces o reconoces. Un número de personas pueden venir a la defensa de su "yo pública", debido all cuerpo de trabajo que contribuyó en el lapso de su ministerio. Para aquellos que tienen la madurez espiritual para hacerlo, un líder caído es inmensamente agradecido por el reconocimiento de la obra de su vida en el contexto de la totalidad de ese trabajo.

Una Línea En La Arena Proverbial

La cruda realidad es que un líder no puede tener una excelencia sostenida en el ministerio cuando se conduce de un lugar roto, ni debe el líder estar dispuesto a dirigir de este lugar en su espíritu. Uno tiene que trazar una línea en la arena proverbial y apreciar el intenso escrutinio que viene en su vida pública y privada. Debemos vivir de forma privada las virtudes que defendemos públicamente. Otros podrían decir que usted es un excelente líder y un asunto de "vida privada" no debería tener nada que ver con su capacidad para hacer su trabajo. Después de todo, "todos pecan y están destituidos de la gloria de Dios". Y esto puede ser aceptable por vista de la dirección desde el exterior; sin embargo, en ningún caso debe el líder sentirse como que el privado "yo" no tiene relación con el público "yo", sobre todo cuando se están llevando de un lugar roto con la cual no han tratado o desde un punto de vista de alguien que luchan contra las adicciones y compulsiva inclinaciones. Líderes constantemente oyen, "El talento puede llevarlo a lugares donde solo el caràcter lo puede sostener," y mientras esta cita puede ser trivial, en algún momento tiene que resonar en el corazón y el alma del líder. Un líder, sobre todo en el liderazgo cristiano, tiene que lidiar con sus problemas o, finalmente, esos problemas se ocuparán de el.

No es solo la caída en desgracia que demuestra un reto; pero la determinación de levantarse otra vez en Jesucristo. Un líder caído tiene que preguntarse, "¿Me doy por vencido y le doy a mi mal comportamiento, mi adicción, mi comportamiento compulsivo, o mis inclinaciones que se manifiestan como el pecado? ¿Me dan derecho mis buenas cualidades y atributos que caiga debido a quejas legítimas en mi vida que me han traído a este lugar caído en mi vida? ¿O tengo que responsabilizarme por mis fracasos y comenzar en el camino hacia la redención que es un camino largo, duro, pero necesario?" La Biblia, el guía, de le que podemos predicar, enseñar y vivir, es maduro, con ejemplos de fracasos en liderazgo y los caminos redentores que estos patriarcas y matriarcas tomaron hacia la restauración a los líderes de nuestra fe ungidos plenamente.

Hasta que un líder caído es capaz de sentir realmente el dolor y la devastación de su caída, hay un sincero pero todavía mal ejecutado voto para corregirse e inevitablemente el líder defectuoso cae en el mismo ciclo compulsivo. Sin autoevaluación honesta y estrictas medidas de responsabilidad para el líder caído, el deseo de ocultar la tendencia puede ser mucho más fuerte que la fuerza de voluntad necesaria para cambiar el comportamiento que precipitó la caída del líder. Alejarse con "eso" es un desincentivo poderoso para hacer frente al duro labor de recuperación del pecado.

Muchas veces odiamos la idea de dolor y decepción, pero son muy útiles en nuestra búsqueda de ser y mejorar. Puede sonar contradictorio, pero reflexione sobre esta analogía: dolencias físicas son a menudo precedidos por algún tipo de dolor, malestar o síntoma que causará que busquemos alivio para el dolor. Algunos remedios eliminan la dolencia; otros sólo alivian temporalmente los asuntos superficiales de un problema o una enfermedad mucho más significativo. La suposición aquí es que ausente del dolor, malestar o síntoma, nuestros cuerpos no sabrá cómo y cuándo buscar alivio y ayuda. El cáncer de páncreas es una enfermedad insidiosa, porque cuando los síntomas están presentes, por lo general el pronóstico es terminal. La hipertensión se conoce como el asesino silencioso porque puede pasar desapercibido. Hay pocos o ningunas síntomas que acompañan a la enfermedad hasta que se manifiesta como un infarto, accidente cerebrovascular o insuficiencia renal.

Un Ejemplo De Vida

De la misma manera, la adicción, los ciclos compulsivos, y en general, el apetito incontrolada para el pecado puede ser análoga a algunas de las enfermedades que muestran poco o ningún síntoma. La mayoría de los líderes del ministerio que han caídos lucharon éxitosamente con su camino de regreso, se puede decir con seguridad que, en retrospectiva, los signos (pérdida de trabajo, la destrucción de las amistades y relaciones, la erosión de la confianza, etc.) estuvieron presentes, pero no habìa suficiente dolor presente para justificar el esfuerzo necesario para conseguir arreglarlo. El deseo de vivir en la integridad y el reconocimiento existencia contradijera de un lìder caìdo más a menudo comienza mucho antes de que el dolor más intenso del líder lo golpea al "tocar fondo"; Sin embargo, una vez que uno ha tocado fondo debido a una falta de reconocimiento de las propias deficiencias; y finalmente es receptivo a los cuidados necesarios y la responsabilidad necesaria para vivir una vida de norma precipitada por "el dolor", las perspectivas de la vida viviendo en la integridad sostenida son muy prometedores.

El rey David era un adultero asesina; Rahab era una ramera; Abram era un mentiroso y demostró una falta de fe en la promesa; Noé era un borracho; Moisés era un asesino; Pedro negó a Cristo; el apóstol Pablo supervisó la matanza de los cristianos; Y la lista continúa. Es exhaustiva en relación con las deficiencias y los fracasos de los líderes que cayeron antes y en medio de sus tareas. Un líder caído que está arrepentido no muestra sus fracasos como una insignia de la gloria en el orgullo, sino como un ejemplo de la medida de la gracia de Dios por experiencia e ilustrativamente. La historia de redención sirve como método para fomentar el cuerpo de Cristo; mostrando la integridad del líder no se limita a la conducta que precipitó su caída sino a su capacidad para ser restaurado a su lugar ungido por la obediencia a la Palabra de Dios.

La soberanía de Dios permite estos lugares bajos en la vida de un líder para ser utilizado como un medio por el cual puede castigar al líder rebelde, así como un método experimental para tomar las historias de la Biblia y darles la verdad hoy en día y la vida en el cuerpo de Cristo. El "Evangelio según ..." se dio vida a través de nuestro testimonio de superación más allá de las páginas y la carta de Mateo, Marcos, Lucas y Juan. El líder redimido tiene una oportunidad única de ser un ejemplo vivo de la fuerza redentora de la sangre de Jesús. Si tuviéramos que mirar el éxito de los programas de 12 pasos, ya sea el alcohol, la comida o las adicciones sexuales, el poder y el éxito de los programas de recuperación está en las experiencias - bueno o malo - de hombres y mujeres que han tenido similares compulsividades y desafíos para mantener la sobriedad. Reciban el consejo de alguien que ha "estado allí y ha hecho eso" es poderoso para alguien que está tratando de superar su problema. El ejemplo vivo de un líder transparente es mucho más impactante que un ejemplo teórico de algunos de los personajes icónicos de la Biblia en la que los "salvos" derivan su inspiración divina.

Crecimiento

Acaso usted ha experimentado el fracaso. Al igual que David está recreando los errores de su mentor; o tal vez usted está contemplando el suicidio espiritual a manos de su Dalila; o tal vez usted podría estar frustrado con su situación y está tomando un vistazo en su sucesor al igual que Elías; o como Noé, no se está produciendo la mayor parte de un legado. Estas fallas son reales y relevantes hoy en día.

El fallecimiento es devastante, pero no representa el final de su don. Sólo es final para los que temen ir más allá de ella. Cuando entendemos que es un factor en la ecuación de nuestro éxito, no vamos a optar a la primera señal de dificultad. Puede ser nuestro mejor maestro si aprendemos a verlo como una herramienta para el desarrollo y no el final de nuestra misión. Todos hemos hecho cosas de lo que no estamos orgullosos, cosas que no deseamos que forman parte del epitafio de nuestras vidas. Pero la respuesta de cada gran líder al fracaso debe ser el crecimiento.

Mi papá siempre me decìa: "Hijo, un error no es un error, siempre y cuando haya aprendido algo de el." A veces nuestra mayor educación es la experiencia. No viene de caminar por los pasillos de una universidad de prestigio, sino de las tragedias que incurrimos cuando tenemos el coraje de intentarlo. Siendo un lìder es un riesgo y con esos riesgos vienen desafíos que exceden nuestra fragilidad humana. Cuando esto ocurre, el objetivo es no salir de la experiencia indemne, pero después de haber sido hecho mejor, por ella. Si usted está leyendo este libro y usted cae en la categoría de sentirse como un fracaso, estoy aquí para venir a su lado y levantarlo a su próximo lugar de liderazgo. El mismo Dios que le ha creado todavía está en el trono y tiene el poder para volver a crear y construir algo mejor que lo que alguna vez ha sido.

El fracaso que experimentaste no es su fin, sino el comienzo de una vida que puede brillar más brillante de lo que ha brillado nunca. Sólo tiene que seguir adelante. Es posible que haya caído de su caballo proverbial, pero levantese, cepillese fuera de si mismo, montese de nuevo y vaya a cabalgar en la esperanza de un mañana que será mejor que el de ayer. Los líderes fallan, simplemente no se quedan en ese estado caído. Viven de sus convicciones y no su condena; y por esta razón, estoy aquí para hablar más fuerte que la voz de la experiencia que le condena. Yo declaro y decreto que todo lo que Dios coloca en usted todavía está allí y se utilizará para su gloria y el éxito de su pueblo. Su fracaso no es definitiva, pero se convertirá en una fuerza que fluirá a través de la tierra y se presentara como la imagen expresada del amor de Cristo hacia el hombre caído. Lleve a su experiencia y sus dificultades y uselas como una insignia de honor, no de vergüenza. Comparta su tragedia y muestre su triunfo para que otros conozcan el poder redentor de nuestro Señor y Salvador Jesucristo. Usted se despertó hoy con una oportunidad para hacerlo bien. Esto es lo que la gracia es - la oportunidad para hacer las cosas en la manera en que Dios quiso que se hicieran. Si usted está leyendo este libro, es porque Dios le ha honrado con otra oportunidad para hacer las cosas bien. Incluso con todos sus errores, confusiones y todo lo que ha estropeado, Dios ha sido fiel. Su fidelidad protege propósito y puede moverlo más allá de las inclinaciones de su carne y de los problemas de ayer.

Tiempo Para Sanar

Son de las interrupciones en la vida que nos hacen mejores y más fuertes, pero sólo si establece el hueso y tomamos el tiempo para sanar. Jugué el quarterback en mi primer año de la escuela secundaria. Un día, en la práctica, yo perdì el traspaso durante una jugada rota y fui golpeado alto y bajo. Lo pròximo que supe yo estaba despertandome a una multitud de personas de pie a mi alrededor. Ellos trataron de moverme, pero mi brazo colgaba y mi cuerpo estaba con un dolor indescriptible - me había roto mi hombro. Durante seis semanas, dormí sentada en una silla, pero no estaba completamente diligente acerca de seguir las órdenes de mi médico. Había veces que me gustaba tratar de volver a los viejos hábitos como acostandome, hacienda ejercicios y manteniendo los caminos de mi vida antes de haberme roto mi hombro. Huelga decir que yo estaba tan emocionado cuando el final de mi período de recuperación llegó. Todavía había algunos partidos por jugar en la temporada y me iba a volver a una posición de partida.

El gran momento llegó cuando fui al médico para obtener mi libertad para jugar. Sin embargo, no sólo no me solto, pero ahora se hablaba de someterme a una cirugía en mi hombro porque no tome el tiempo para hacer lo que era necesario para que se curada correctamente. Me empujé a través del dolor todos los días, mantuve una rutina natural, pero yo no me permití sanar adecuadamente. En consecuencia, la falta de atención a mi lesión creo complicaciones que me han seguido a través de la vida. Mi movimiento antes de mi curación causó que el hueso se desplasara y se volvió a crecer más fuerte, pero en la posición incorrecta; y tuvo que ser retirado con el tiempo para aliviar el dolor constante que sufría este hueso fuerte, torcido.

No he jugado al fútbol desde ese día. Un juego roto condujo a un hombro roto que llevó al final de posibilidades. A veces nuestro afán de volver a nuestra tarea nos empuja más allá de la oportunidad de sanar adecuadamente; pero si nos conformamos nosotros mismos y tomamos el tiempo que necesitamos para recuperar, podemos volver a la posición inicial y no tener que lidiar con una lesión en la carrera interminable.

Para usted, es el tiempo de recuperación. Cualquiera que sea el hombro roto de su vida, deje que alguien lo fije, a continuación, siga las instrucciones de recuperación. Será doloroso, y puede que tenga que dormir sentado durante semanas, pero el resultado será un regreso exitoso. ¡Cosas dolorosas producen resultados con propósito!

Tal vez es hora de dejar de curar a los demás y empezar a ser sano. Como líderes siempre calificamos nuestro éxito por nuestros logros, pero tenemos que centrarnos en nuestra salud mental y espiritual. Conseguir terminar el trabajo no es tan importante como la forma en que se realiza el trabajo. Curar a los demás y no estar completamente sano es lo que se nos retira del equipo. Preocupese por su salud o como yo usted puede desear volver al juego todo lo que quiere, pero porque no se curò, no lo dejaran jugar.

Quien Eres

El fracaso es un regalo si ejercemos nuestra gracia para crecer a través de él y de ella. Es el calcio de la vida que nos fortalece, nos fortalece y suministra energía para la siguiente fase de nuestro viaje. Se nos ofrece la sabiduría ausente de la experiencia, no la habríamos tenido de otra manera. El fracaso no es una razón para rendirnos; es una oportunidad para crecer y descubrir lo que realmente somos.

Una cosa que he descubierto es que no se puede impedir a alguien poco perseverante que se rinda y no puede impedir a un ganador que gane. Lo único que se puede hacer es retrasar lo inevitable. Un ganador ganará pase lo que pase y un poco perseverante se rindara pase lo que pase. Creo que usted es un ganador y no un cobarde. Usted no ha llegado a este punto sólo para darse por vencido. Usted llego al error, pero no hay que confundirse por uno que se da por vencido. Ustedes han experimentado pérdida antes y se recuperó; enfrentaste peor y salió mejor. Renunciar no es una opción, siempre y cuando se siga moviendose. Ganar es lo que haces porque es lo que eres!

Permítanme que les recuerde quién eres antes que permitas que su derrota lo defina: la suma total de lo que eres no es el momento vergonzoso que pueda haber experimentado. Hay más Dios en ti que lo malo que has encontrado a ti mismo. La recuperación es parte de su plan de reestructuración para su vida y usted puede comenzar hoy. Puede vivir como que si nunca ha fallado. Recibe la gracia de Dios y deje de vivir como los caídos. Dios ha perdonado lo que es difícil para que olvidar. Él es fiel incluso cuando no lo somos. Él lo ve por lo que el le hizo para ser y no por lo que has hecho. Ahora "sea" y no "hara".

Hacemos las cosas que no nos gustan, porque no sabemos que seamos. Esta declaración no es gramaticamente correcta, pero es precisa por medio de la revelación. Véase a sí mismo como Dios lo ve y no cómo se ve. Usted se convertirá en el regalo a la humanidad que Dios quiere que usted sea y no el que afecta negativamente a los demás. Hay mucho más para ti que sus defectos y sus debilidades. Recuerde que el fracaso es para formarlo y desarrollarlo, pero no tiene la autoridad para definirlo. Puede haber sido el maestro de escuela, pero usted no es su esclavo. El fracaso es una herramienta, no su etiqueta; y si bien es un factor en la ecuación, no es el resultado final. Usted tiene el nombre y la naturaleza del éxito.

SOBRE EL AUTOR

Desde aceptar a Jesucristo como su Señor y Salvador, Pastor Ronald L. Godbee ha seguido el mandato de Dios para buscar y salvar almas a través de la predicación del evangelio. La decisión más grande del Pastor Godbee fue el primero en elegir a Cristo como su Señor y Salvador; y en segundo lugar para elegir Karla Godbee como su esposa. Juntos, son los padres orgullosos de tres niños encantadores Kindale, Ronald Jr., y Kharrington. Después de ser fiel a su vocación como un evangelista itinerante, estableció el Centro Cristiano Patio Interior en el corazón del centro de la ciudad de Detroit, Michigan. Con la adoración como su empuje y el amor de Dios como su razón, Centro Cristiano Patio Interior impactado las vidas de los perdidos.

Durante el tiempo que Pastor Godbee tuvo su ministerio en la ciudad de Detroit, fue nombrado por el Obispo Prelado de presidencia Edgar L. Vann II para servir como supervisor general y ejecutivo, miembro del Consejo del Reino Alianza Pacto Fellowship. Pastor Godbee ha hecho muchas apariciones en televisión cristiana y ha sido un huésped regular en muchos programas de entrevistas cristianas, incluyendo "Rejoice in the Word" con el Obispo Greg Davis.

El mensaje transformador del Pastor Godbee, la pasión de la adoración y el amor a la gente le ha dado el toque de Dios para estos tiempos. Actualmente se desempeña como pastor principal de la iglesia The River Church en Durham, Carolina del Norte, que fue establecido por el Obispo Joby y Pastor Sheryl Brady. Él sirve al pueblo de Dios con un corazón humilde y presentado; y está al frente de su iglesia para convertirse en un ministerio de modelo en el siglo 21.

Ronald L. Godbee

www.ingramcontent.com/pod-product-compliance
Lightning Source LLC
Chambersburg PA
CBHW061002050726

47592CB00003B/1307